岩田徹
Toru Iwata

一万円選書

北国の小さな本屋が起こした奇跡の物語

ポプラ新書
217

はじめに

――これまで読まれた本で印象に残っている20冊を教えてください。

――これまでの人生で嬉しかったこと、苦しかったことは？

――何歳のときの自分が好きですか？

――上手に歳をとることができると思いますか？
もしくは、10年後どんな大人になっていると思いますか？

――これだけはしない、と決めていることはありますか？

——いちばんしたいことは何ですか？

あなたにとって幸福とは何ですか？


——そのほか何でも結構ですので、あなたについて教えてください。

ゆっくり考えて書いてみてください。


突然のご質問、驚かれたかもしれません。

これは、僕が「一万円選書」をするときに、お客さんに書いてもらっている「選書カルテ」の内容です。一万円選書に応募してくださるお客さんの多くは、本を読みたいけど、何を読んだらいいのかわからない、という方。その方にぴったりの本を選ぶためには、人となりを知る必要があります。お医者さんが患者さんを診察してカルテを書くように、僕もカルテを通してお客さんを知り、オーダーメイドの選書をするのです。

仕事、家族、友人関係。ありとあらゆる悩みや想いに寄り添うのが、「一万円選書」

なのです。

お客さんの中には、数ヶ月の時間をかけて何十枚にわたって、この「選書カルテ」を書いて届けてくれる方もいます。僕はその「選書カルテ」をもとに、たったひとりのために、読んでほしい本を10冊ほど、1万円分選んで送っています。

北国の小さな書店から。

ご挨拶が遅れました。はじめまして。

北海道砂川市で、小さな町の本屋「いわた書店」を営む岩田徹です。

いわた書店は、札幌から車や電車で1時間ほど、特別な観光スポットもない砂川の静かな商店街にひっそりと佇んでいます。いわた書店のような、昔ながらの〝町の本屋さん〟の風景を目にすることは少なくなったんじゃないでしょうか。品揃え豊富な大型書店や注文した翌日に届くネット書店。本を巡る環境も、ずいぶんと便利な世の中になりました。

いつでもどこでも本にアクセスできるいまの時代、あなたは心が動く、おもしろい本に出会えていますか？　新刊や話題の本、目まぐるしく押し寄せる情報の海の中、膨大な本を前に、何をどう選んだらいいかわからない。そんな悩みに直面したことはありませんか？

いわた書店に並ぶのは、発売したばかりの本や巷《ちまた》でよく売れている本、いわゆるベストセラーではなく、店主の僕が「あなたに読んでほしい本」が中心になっています。40坪の店内にあるのは、もうすぐ70歳の僕がこれまで読んできた約1万冊の本の中から、心に響いた、こういう人に読んでもらいたい、と自信を持っておすすめできる本ばかり。ほかの書店とは棚に並ぶタイトルがちょっと違うかもしれません。

しかもいわた書店は、町の本屋でありながら、午後3時から5時までシャッターを降ろします。独自サービス「一万円選書」に専念するために。

お客さんのいない店内で僕は、全国各地から届いた「選書カルテ」を読んで、「その人」のために、小説、エッセイ、詩集や歌集、学術書……ジャンルやテーマが異なる本を1万円分、10冊ほど選んでいきます。棚の前に立ってウンウンと唸りながら。

ときに音楽をかけて踊りながら。選書はある種〝ゾーン〟に入っていないとできないんですね。だから、思い切ってシャッターを降ろしちゃう。「中休み中」って張り紙をつけてね。

というのも、いわた書店のお客さんは、地元、砂川に暮らし店頭を訪れる方よりも、全国各地で「一万円選書」を待っている方のほうが多いんです。売り上げ比率で言えば1対2、新型コロナウイルスの影響を受けて、ここ最近はついに、選書の売り上げが店頭の2倍になりました。

資金も人手もない小さな経済圏にある本屋の支柱となっているのが、全国から注文をいただく「一万円選書」。もちろん最初から軌道に乗ったわけではありませんよ。出版不況が叫ばれる中、あらゆる手を尽くしてもうまくいかず、苦しい時代は長かった……。

2007年に独自に始めた「一万円選書」も、7年間は鳴かず飛ばず。利用者はせいぜい月にひとりかふたり。メディアに取り上げてもらうこともありましたが、一時的に注文が増える程度でした。

いよいよ本屋をたたむしか選択肢がないか……と、窮地に立たされた2014年。とある深夜番組で紹介されたことをきっかけに、ネット上で話題を呼んで、奇跡のブレイク。おかげでそれ以来、注文が途切れることはありません。ありがたいことです。

現在、「一万円選書」の募集をするのは、1年で7日間だけ。そこに約3700人の応募が集まります。過去には7000人の応募が殺到したこともありました。大変嬉しいことですが、選書をするのは僕ひとり。できる数には限りがあるので、ご応募いただいた方の中から、毎月100名ずつランダムに抽選させてもらっています。当選者にカルテを書いて送ってもらい、順に選書をした1万円分の本を届ける。これが僕の書店主としてのメインの仕事です。過去7年間で選書をした人は1万人を超えました。

僕は「一万円選書」に多くの時間と労力を費やしますが、特別な手数料はもらっていません。お客さんからいただくのは、本の代金と送料だけ。

いわた書店にある「一万円選書」のコーナー。お客さんにぴったりの1冊を選ぶため、日々心を込めて選書する。

「どうしてそこまでするんですか？」と聞かれることもあるんですが、僕は本屋の仕事をまっとうしているだけ。というか、ただの〝本屋のおやじ〟でしかない僕にはそれしかできません。

おもしろい本を書いた作家からもらったパスを読者につなげる。

「この本、おもしろいから、ほら読んで」って、手から手へ、本を届けていく。

それができていると実感するいま、本屋の仕事が本当に楽しい。楽しいんです。

これからここで、ちょっと変わった北国の町の小さな本屋「いわた書店」と「一万円選書」を巡る話をしていきます。「選書カルテ」の内容と読者の方とのやりとりも掲載しますので、この本を通じて、「一万円選書」を擬似体験してもらえたら、と思っています。

それから、インターネットですぐに情報が得られる時代にどうして本を読むのか、僕はどうやって本を選んでいるのか、をお伝えします。あなたが本を選ぶときや読むときの参考になるかもしれません。

僕がこれまでの人生で影響を受けてきた本や、実際に「一万円選書」で選んでいる本もたくさん載せました。この中に、あなたの人生に寄り添ってくれる本が1冊でもあれば、本屋のおやじとして、これ以上の喜びはありません。

2021年11月吉日

いわた書店店主　岩田徹

選書カルテ

こんにちは、いわた書店です。
嬉しい事に、注文が殺到しています。
右から左に、という訳にはいきませんので、お一人お一人を
想像しながらウンウンと唸って考えています。
仕組みとしてはアンケートを送っていただき、
それを元に選書してご提案いたします。
既読等があれば差し替えて、その合計金額を
お振込みいただいての発送となります。
どうしてもお時間が掛かります、どうぞご容赦ください。

アンケートで大切なことは、あなた様の読書歴です。
これまでに読まれた本で印象に残っている本
BEST20をお教え下さい。

書名	著者	感想 ○、△、×
∫	∫	∫

お選びする本の重複などを避けるため、お訊ねします。
一万円選書のご利用は

☐ 初めて

☐ 回目（ 年 月）

今まで、ご家族などで一万円選書を
ご利用になった方は

☐ いる （お名前 ） 年 月ごろ
（お名前 ） 年 月ごろ

☐ いない

お仕事	
最近気になった出来事・ニュース	
よく読む雑誌	

［お届け先］

郵便番号	
お届け先住所	
お名前	年齢　　男・女
電話番号	
FAX 番号	
メールアドレス	
受付番号	

■ この他選書のための参考になりそうな事を
いろいろ教えてください。例えば、年齢、家族構成、
お仕事の内容、これまでの人生でうれしかった事、
苦しかった事等を書き出してみてください。

■ 何歳のときのじぶんが好きですか？

■ 上手に歳をとることが出来ると思いますか？
もしくは、10年後どんな大人になっていますか？

■ これだけはしないと心に決めていることはありますか？

■ いちばんしたい事は何ですか？
あなたにとって幸福とは何ですか？

■ その他何でも結構ですので、教えてください。
ゆっくり考えていただいて書いてみてください。
スペースが足りなかったら他の紙にでも構いません…
どうかよろしくお願いします。

ご記入が終わりましたらＦＡＸを戴くか、
メールに添付して送信してください。郵送でもかまいません。
選書を完了しましたら送料との合計をご連絡いたします。

いわた書店　岩田 徹

一万円選書／目次

第1章

いわた書店の店主になるまで

炭鉱の町に生まれて

さて、何から話しましょうか。まずは、いわた書店と僕自身の話から始めさせてください。いきなりずいぶんと昔に遡《さかのぼ》りますよ。

僕が生まれたのは1952（昭和27）年、終戦から7年後です。いまは地図を見ても跡形もない、三菱美唄《びばい》炭鉱に生まれて、我路《がろ》の沢《さわ》という炭鉱住宅、山の縁に二間の長屋が6軒つながったようなところで育ちました。トイレも洗濯場も共同で表にあって、共同浴場があって、簡易水道で。簡易水道っていうのはね、湧水が各家庭に配られて、台所に置いてある甕《かめ》に貯めておくんです。そうすると砂が下に落ちるので、その上澄みを使う。いまの日本からは想像できないようなような暮らしぶりでしょ？

みんな等しく貧乏だった。町中に子どもたちがたくさんいて、釘を刺したり、メンコをはたいたり、一緒になって遊び回って。年中お祭り騒ぎでしたね。たとえば、ソ連の人工衛星スプートニクが飛んだときには、外に出てみんなで夜空を見上げて、大人たちが「ソ連が勝ったー！」って言うのを聞いてはしゃいでいました。当時はアメリカとソ連が宇宙開発競争をしていましたから。スプートニク2号に乗ったライカ犬

1955（昭和30）年ごろの美唄市の炭鉱風景（美唄市提供）。

はかわいそうに、白骨になるまで宇宙を飛び回るんだと聞かされて眠れなくなっちゃうの。

親父がシベリア帰りだったので、よく若い連中がソビエトの話を聞きに来ていました。炭坑作業員の中には東大卒もいてね。数年前まではＧＨＱ（連合国最高司令官総司令部）の占領下で、共産主義者が追放されたレッド・パージの時代ですから。東京にはいられなくなったのかもしれない。毎晩のように、大人たちは酒を飲みながらあーだこーだと議論をしていて。アナーキーでしたよ。５歳の僕が「砂場がないんだよー」って訴えたら、幼稚園の園庭に資材を持ち込んで勝手に砂場をつくっちゃったんだから。

……いろんなことを昨日のことのように思

い出します。五木寛之の『青春の門』とかリリー・フランキーの『東京タワー――オカンとボクと、時々オトン』とか、炭鉱住宅が出てくる本は読みながらぼろぼろ泣いちゃう。なんでかって言うと、楽しかったから。そうだった、そうだったって、涙が出ます。

69年の人生を振り返ってみても、この頃の記憶がいちばん色鮮やかです。冒頭の「選書カルテ」にある「何歳のときの自分が好きですか?」という質問に、僕は「5歳」って答えますね。

いわた書店のはじまり

1958年、僕が6歳のときに、両親が砂川でのちの「いわた書店」となる「紅屋デパート書籍部」を開業しました。炭鉱は重労働で事故も多く、炭塵による健康被害もあったので、父と母で話し合って辞めて。母の両親が砂川で本屋を営んでいたので支店というかたちで、小さな本屋を始めることにしたんですね。

炭鉱住宅の購買で父は毎月、『めばえ』と『幼稚園』を買ってきてくれました。その度に僕と妹は声をあげて喜んでいました。炭鉱住宅には娯楽があまりなかったんで

1952（昭和27）年、砂川市のお祭りの日に父と母とともに。著者はもうすぐ1歳（著者提供）。

す。誰かが買ってきた漫画雑誌を回し読みしていて、『少年』とか『冒険王』とかをむさぼるように読んでいましたから。実家が本屋になって、手伝うという格好でいくらでも本を立ち読みできる。それは嬉しいことでした。

いわた書店は、砂川駅前の集合店舗（当時は紅屋デパートと呼ばれていました）にあって、いまよりももっと小さな店からのスタートでした。朝早くから夜遅くまで店を開けて、子どもたちが文房具を買いに来たり、立ち読みをしたり。昼間は、一冊一冊梱包した本を自転車のカゴに積んで、親父が私宅や学校や職場に配達に行く。店に来た子どもたちに「次はこれを読みな」って本をすすめる。当時は日本中に、そういう牧歌的な小さな町の本屋があったわけです。

美唄から砂川に越してきて驚いたのは、暮らしぶりの違いです。当時の砂川には、三井化学の前身である東洋高圧という会社があって、化学肥料をつくっていたんですね。中国に輸出もしていて。つまり砂川は大企業の城下町だった。東洋高圧の社宅に行くと、スチーム暖房でお湯が出る蛇口がついていて、客間があって、ピアノまである。炭鉱で僕らは、寒ければストーブに石炭をガンガンくべて、暑ければ窓を開けるという生活をしていましたから。小学校1年生の1学期に転校したんですが、学校でもいじめられるわけですよ。そんな都会的なところに山猿みたいなやつが来た、ということでね。

そこから僕は本を読むことで要領を覚えていったんです。馬鹿にされないで、勝つためにはどうすればいいいか。うちの本屋には、教科書準拠版の参考書、いわゆる「虎の巻」が並んでいました。小学校の勉強はクイズに近いんで、それらの本を読んで先に答えを見ておくんです。小生意気なガキでしたね。まあでも勉強ができれば誰かに教えることもできますから。そうやって本に助けられながら、学校にも馴染んでいきました。

この頃はジュール・ヴェルヌの少年向けの冒険小説『十五少年漂流記』に夢中になって、何度も読んでいたことを覚えています。テレビで放送していた、井上ひさしさんが原作の人形劇「ひょっこりひょうたん島」も好きでしたねえ。

僕が小学校の上級生になった頃、いわた書店にとっての事件が起きました。母方の祖父母がやっていた本店が経営破綻しちゃったんです。支店であるうちの店にそのツケが回ってくる。支店はいわば保証人のような立ち位置でしょう?　自己破産はしなかったので、親父たちが本店の借金を背負うことになった。子どもながらに、ひどいなあ、大変なことになったなあと思っていましたよ。父と母はしょっちゅう喧嘩しながら、毎日必死に働いて、その困難をなんとか乗り越えていきました。

函館ラ・サール高校で

小学校も中学校も僕は本屋で立ち読みをして先に答えを見ていましたから、学校の授業はつまらない。時間を無駄にしているように感じて、退屈でした。

自営業者として苦労しながら這い上がってきた両親から、勉強していい大学、いい会社に入れといった圧力も強くてね。両親は朝から深夜まで働いていましたから、僕と妹は祖父母に育てられたようなものなんです。そんな環境で、普段子どもを充分にかまってやれない親が、僕のためを思ってよかれとする助言や叱責が、我慢できないレベルに達していました。

家も学校も居心地が悪くて、不登校あるいは家出寸前だったのです。そして、中学3年の頃に、父親と大喧嘩をして、「もうこんな家にいたくない！　卒業したら新聞配達しながら定時制の高校に通う！」って啖呵《たんか》を切ったんです。そしたら「それだけは勘弁してくれ」と勧められたのが、親元を離れて寮生活をしながら通える函館ラ・サール高校でした。

1967年、開校から8年目だった函館ラ・サール高校に入学。同時に寮生活が始まります。二段ベッドが100床並んだ大寝室。机が200台並んだ自習室。寮の舎監はカナダ人。実はこの舎監、井上ひさしさんの『モッキンポット師の後始末』――カトリック学生寮に住む不良3人組と、その尻拭いに奔走する神父を痛快に描く物語――のモッキンポット師だったんです。井上ひさしさんは、仙台のラ・サール・ホームという児童養護施設にいらして、その後、この小説を書かれたんですね。

ちなみに僕が卒業した後に入学した作家の今野敏《こんのびん》は、函館ラ・サール高校の寮を舞台に当時の街と文化が鮮やかに描かれる学園ミステリー『寮生―一九七一年、函館。―』を書いています。物語のモデルや舞台になるような舎監と寮生活。僕にとっても、毎日が修学旅行のような夢の時間でした。

学校での授業にも衝撃を受けました。全然違うんですよ。教科書なんて使いません。

たとえば国語の授業。1年生の1学期中、先生はずっと詩の授業をするんです。明治38（1905）年に上田敏が出した訳詩集『海潮音』に始まり、島崎藤村や室生犀星《むろうさいせい》の詩集。明治時代に漢語から口語へ、言文一致運動が起きて、日本人が日本語を獲得していく背景を学ぶ教材が「詩」だった。2学期は、小樽高等商業高校（現在の小樽商科大学）に通っていた作家・伊藤整の自伝的小説『若い詩人の肖像』を読む。テストは、原稿用紙に問題が1行、「石川啄木について書け」ですよ。古文の授業中に、当時起きていたイスラエルとパレスチナの六日戦争（第三次中東戦争）についての討論会が始まったこともありました。先生は討論が終わると「こんなカトリックの学校は辞めてやる！」って言って教室を出て行っちゃうんです。開校から間もないこともあって、先生たちも若くてアナーキーで自由だった。すべてが新鮮で刺激的でした。

僕はこのとき、世の中には答えが用意されている問題はほとんどなく、僕がしていたように、先に答えを見ておくなんていう手は通用しないことを学びました。自分の頭で考えて行動すること、うまくいかないことを親や先生のせいにはできないことを。

当時の函館ラ・サール高校には、医者の息子、警察官の息子、学校の先生の息子なんかが多くて、寮があったので全国からいろんなヤツが集まってきていました。そこで「普通」とか「みんな一緒」なんて幻想だってことに気づいたんです。この世には本当にさまざまな人間がいて、みんな違うんだ、と。

上には上がいるんですよ。隣の席のヒデトシくんは、僕が『少年マガジン』を読んでいる横で、チャート式数学の参考書の問題を解いていて、「2回目」だと言う。後ろの席のヒロオくんは、英語の教科書を丸暗記している。しかもヒデトシくんはピアノを、ヒロオくんはヴァイオリンを弾くんです。びっくりしました。こりゃ敵わないと。勉強では勝てっこないから、本で勝負しようと図書館の本を全部読んでやろうと試みて。時速100ページで片っ端から本を読んでいました。でも、高校の図書館ってすっごくたくさん本があるから、とてもじゃないけど読み切れない。途中から、ロジェ・マルタン・デュ・ガールの『チボー家の人々』とかショーロホフの『静かなドン』とか、長編に挑戦し始めたりしてね。

高校3年生になった頃は、1969年で学生運動の全盛期でした。いわゆる全共闘の時代です。高校生だったけど、ベトナム戦争に反対だってことで、仲間を募って反戦デモに参加したんです。200人もの高校生がヘルメットをかぶって、警官隊に囲まれて、テレビカメラに映されて、大変なことになっていました。高校では学園紛争が長びいて、停学処分をくらって、卒業式もなかった。そういう時代だったんですね。

まんまと親の口車に乗って通い始めたわけですが、結果的に僕は函館ラ・サール高校での3年間に救われました。毎日が修学旅行のような寮生活、答えのない刺激的な授業、才能あるおもしろい友だち。ここでできた仲間とは、いまでも「オールドボーイズ」と言って、つるんでいます。

高校卒業後、そして佐藤泰志のこと

高校時代は、函館ラ・サール高校の外でもひとつ、大事な出会いがありました。国語の教師の影響もあって、僕は文芸部に入って、詩や小説を書いてはガリ版刷りの雑誌をつくっていました。函館地区の文芸サークルの交流会があって、そこには、函館西高出身の佐藤泰志がいたんです。ご存知でしょうか。

2歳年上だった彼は出会った当時、羽田事件、いわゆる佐藤栄作の訪米阻止闘争を題材にした「市街戦のジャズメン」で有島青少年文芸賞優秀賞を受賞していました。

しかし、高校生が書くものとしては内容に問題があると、北海道新聞への掲載が拒否されてしまいます。裏金メダルみたいになっちゃって、〝幻のスター〟でした。

親しくなったのは高校卒業後。1970年に高校を卒業してから僕は、どうしようか、大学にでも行こうかってことで、とりあえず東京に出てきて予備校に通い始めたんです。でも実際に大学を見に行ったら、内ゲバ（組織内での対立による暴力抗争のこと）の時代で、みんな勉強なんてしていない。そこで大学に行っても意味ないなって思っちゃった。で、先に上京していた佐藤泰志と中野のジャズ喫茶に入り浸って、煙草《たばこ》をふかして酒を飲んで話して、遊んで暮らしていました。

そしたら、親父が病に倒れたって言うことで北海道に呼び戻されたんです。荒れた生活をしていた息子を見かねての、偽装に近いものだったんですけれど。

東京でのフーテン生活に別れを告げてからは、泰志とはそれっきり音沙汰が途絶えてしまいました。お互いに自分が生きていくための足がかりを摑むために必死だったんですね。

その後僕は、彼の消息を新聞で知ることになります。生まれ育った港町に戻り、しかも芥川賞候補になっていたことを。いてもたってもいられず、函館まで会いに行き、やはり酒を飲み語らい、そこからまた交流が再開したんです。結局芥川賞は受賞できず、彼は再び上京。僕は年に一度は会いに行っていました。

彼は幾度も芥川賞候補に選ばれながらも受賞には至らなかった。それでも、相変わらずの生活苦の中で精神を病みながらも、何かに追い詰められるように、命を削って作品を書き続けていました。

そして1990年、東京で働く友人を交えて一緒にお酒を飲んだ数日後、彼は自ら命を絶って帰らぬ人となってしまったのです。41歳という若さでした。

彼が命を削ってこの世に残した作品たち。本屋に並べられなくなった時期もありましたが、没後20年経って、掘り起こされ、再評価され始めたのです。「海炭市叙景」（熊切和嘉監督、谷村美月、竹原ピストル主演）、「そこのみにて光輝く」（呉美保監督、綾野剛、池脇千鶴主演）、『黄金の服』に収められた「オーバー・フェンス」（山下敦弘監督、オダギリジョー、蒼井優主演）。いくつかの作品が実写化され、併せて文庫化されました。

『海炭市叙景』は、函館をモデルにした街で生きる人々の物語です。炭鉱を解雇された兄とその妹のお正月。東京から故郷に戻ってきた若夫婦の一日。定年間近の路面電車の運転手。自分の子どもくらいの年の連中に囲まれて職業訓練校に通う中年男。その時代にその街を生きるさまざまな人生が描かれてゆきます。時はバブル時代。派手な暮らしがもてはやされる中で彼が描いた、光の当たらない市井の人々の生きづらさとささやかな生活の描写は、いまを彷彿とさせるものがあるのです。彼がよく「おめたちな、いわゆる一般大衆なんてのはいないんだぞ」と語っていたのを思い出します。

本屋を継ぐつもりはなかったけれど

話の時間軸を少し戻します。

泰志とつるんでいて、親父が倒れたってことで北海道に呼び戻されたとき、文具も扱っていたいわた書店の取引先でもある商社、大丸藤井（現・大丸）の人を紹介されました。

札幌の本社に見学に行ったら、ものすごい沸《わ》き立っているわけです。札幌オリンピックの前だったので、地下鉄が開通して、駅前にお店がたくさんできて、モノも売れるから仕事が山ほどある。沸騰している商社の現場を見て、大学に行くより世界を見るならこっちだろうと、就職しました。1971年、19歳のことです。

文房具から事務機器まで本当にいろんなモノを売りました。数十万円もする手回し計算機を大学に売っていたら、ある日、「カシオミニ」って電卓が1万2800円で売り出されるんだもの。驚きますよ。そういう時代の変化の節目をこれまで何度も体験してきました。

本屋を継ぐ気はなかったんですけどね。自分の心と世間や親の期待になんとか折り合いをつけて、故郷である砂川に戻ることにしたんです。23歳のときに家業であるいわた書店に入りました。1975年当時は、町の本屋が賑わっていて、本が飛ぶように売れる時代だったので。それはもう、立ち読みの学生があふれかえって、店に入って奥まで進むのが大変なくらいに。

そんな状況だったので、本に可能性を感じた大手企業が参入し、書店業界の規模が大きくなっていきました。ジュンク堂や八重洲ブックセンターなど、大型チェーン書店も相次いで創業しました。誰もが「書店の未来は明るい」と疑うことなく信じていた。僕自身も、商社で培ったノウハウがあれば、本はもっと売れるだろうと思っていました。

ところがそんなに単純で甘い話じゃなかった。「売れる」前に、町の本屋は「仕入れる」のも難しい。出版・書店業界には、流通を担う「取次」と言われる卸問屋のような機能があります。いまでも毎日200点以上の新刊が出版されている中、出版社と書店の取引を仲介し、本の在庫管理や金銭のやりとりまでを取次業者が請負うことで、効率的に本を流通させることが可能となっているんです。必要な機能ではあるのですが、いわた書店のような売り上げ規模が小さい町の書店はそのシステムの網目からこぼれてしまうこともあるんですね。取次業者は、出版社から本を仕入れて、全国の書店に「配本」します。つまり新刊や雑誌、話題の本は、書店が注文しなくても、過去の売り上げデータを見て、取次業者から決められた部数が送られてくる。送られてこない場合もありますよ。するとどうなるか。たとえばお客さんから新刊の注文があっても、入ってこない。なぜなら、配本がないから。注文を受けたのにお客さんに届けられない本が、札幌や旭川の大型書店に積まれてあって、非常に悔しい思いをするわけです。逆に配本でたくさん入ってきた商品を積んでも売れない。お客さんが求めている本、本屋として売りたい本に関係なく、取次から送られてきた本をただ並べるしかできない。配られた本を並べてお金にかえて、売れなかったら返本する。自分に主導権がないんです。それでは仕事にやりがいは見出せない。「おまえの代わりはいくらでもいる」と言われているような気がしました。

このままでは僕が思い描いていた本屋とはかけ離れてしまう。ただ本を並べるだけじゃなくて、自分が本当にいいと思った本を売りたい。田舎の小さな本屋にだって、本と読者をつなぐ最前線に生きている、という矜持がありますから。配本された本を並べて、お客さんを待っているだけではいられない。ということで、いろいろな試みをしました。

たとえば、隣町の滝川市の町の本屋が潰れてしまったときには、本好きな滝川の新聞販売店と組んで、宅配事業を開始。町の本屋がなくなると、車を持たないお客さんは困ってしまいます。昔ながらの町の本屋がかつてやっていたように、病院や学校にも本を届けに行きました。

それから、書店は人と文化をつなぐ場所でもあります。仲間たちと協力して、「砂川地域大学」と称した講演会も開きました。第一回の講師は日本のロケット開発の第一人者である糸川英夫先生。ジャーナリストの筑紫哲也さんや作家の立松和平さんも砂川まで来てくれました。田舎であっても、書店を起点に文化活動ができることを証明したかったんですね。この講演会はその後、10年くらい続きました。

北国の小さな本屋が生きる道を探して

父親が社長を譲るって言うんで、38歳でいわた書店の経営を引き継いだんです。僕はこれからがんばろうと腕まくりして、銀行でお金を借りて、店舗を改装して売り場を拡大しました。１９９０年。その途端にバブルが崩壊したんです。もしこのときにタイムトラベルができたら、「お金を借りて改装をするのはやめなさい。このあとくみは苦労するよ」って自分に言ってやりたいですね。

バブルが弾けたあと、書店業界では、空前の出店ラッシュと撤退が起きました。砂川にも新規店がオープンしては、ほんの数年で撤退していったのです。その間、独立系の老舗書店が相次いで廃業。友人の店も閉店しました。

書店業界の売り上げが頭打ちになった頃、ビデオレンタルショップを併設した郊外型のお店が続々とできていきます。要は地方も、人口の少ないところで1冊ずつ配達していくような効率の悪いことはしないで、人口が増えていくようなところに駐車場のある大きな店をつくって、アルバイトやパートを雇って効率よく回していこうという路線です。

「日本書店大学」という書店業界の第一線を走る人たちが主催するサークルにも参加していたんですが、そこでも、「田舎で町の本屋を続けていくことは、高速道路を自転車で行くようなもんだ」と言われました。

そうは言っても、田舎にも本を必要としている人はいる。小さな店にこそ、できることもあるんじゃないか。闇雲に時代の波に乗ることには抵抗がありました。そうこうしているうちに、田舎にぽつんと佇む書店になっていたんです。

業界全体も、この頃をピークにして、売り上げ規模が目に見えるように縮小していきます。いわゆる「出版不況」の始まりです。ここからの年月は、ずっと苦しかった。決定的な理由がわからないまま、本が売れなくなっていく。店舗を改装した借金があるのに、売り上げが立たず、赤字が膨れあがっていく。売り上げは下がり続け、毎月末、本を仕入れるための資金繰りに胃を痛め、ご飯も喉を通らない。眠れない夜が続きます。

打開策が見つけられず、自分を犠牲にするしかないと、オペレーションの人数を減らして、営業時間を延ばして、朝早くから夜遅くまで、自分を痛めつけるような働き方をしていました。土日もお店を開けていましたから、家族と過ごす時間も減って、子どもたちの運動会にも行けない。

身体的にも精神的にも追い詰められて、幾度も体調を崩しました。下血し、倒れて、入院して。病床で弱った頭で考えていても、浮かんでくるのは暗い未来ばかり。一寸先も見えない深い霧の中を、転げ落ちぬよう、そろそろと下山するような具合です。どこまで行けば底に着くのか見通せない恐怖は尋常ではありません。

それでも、いわた書店をたたむ、という選択は取りたくなかった。

本を必要としている人がいる限り、田舎の本屋にも生きる道があるはずだ。

まだまだ何かできることがきっとある、と。

何より、ここで匙《さじ》を投げたら、田舎で書店を経営し、ここでずっと本を読んできた自分の人生が、まるごと否定されちゃう気がしていたんです。本が好きな人間が本屋をやるのが一番いいだろうと思っていましたし。

北国の小さな本屋から、一人ひとりにおもしろい本を届けたい。

どんなに苦しくても、本を嫌いになることはなかったし、その思いがぶれることはありませんでした。

第2章

「一万円選書」の極意

「一万円選書」はこうして始まった

たったひとりのために、本を選ぶ

体調を崩して店頭に立てなかったときも、本屋のことで頭がいっぱい。返さないといけないお金がありますから、気持ちが休まることはありませんでした。一生懸命やればなんとかなると思っていましたし、じっとしていては不安が募るばかり。何かできることはないか。常に模索していました。

それで、1998年にホームページを立ち上げて、入院していた病室で本を紹介するブログを書き始めたんです。大きな反応があるわけじゃないけれど、その後もブログを淡々と続けていたら、2004年に「プレス空知」っていう、砂川市を含む北海道の5市5町を対象とした地元の新聞から、コラムを書かないかと依頼をもらいましてね。500字で週1本、1冊の本を紹介するんです。小さな枠でしたけど、10年間続けて。これがいい訓練になった。毎週本を数冊読んで、おもしろいと思った本を自分の言葉でおすすめするわけですから。原稿の締め切りがあるので、本を読むリズムも整いました。それで直接的に本屋の売り上げが上がるわけじゃないし、コラムを書き続けられるくらい店は暇だったんですけどね。

2007年には、北海道書店商業組合で『広辞苑』の下取り寄贈プロジェクトってのもやりましてね。新しい『広辞苑』を買うときに不要になった古い『広辞苑』を書店組合に寄贈してくれたら、日本語を勉強している留学生たちにプレゼントします、と。たとえば、高校の先生なんかが、『広辞苑』の新しいのが出たんで買おうって思ったときに、古いのがあるんだから要らないでしょ！　て家族に言われちゃうじゃないですか。そのときに、これは北海道大学の留学生に贈るんだって言えば、格好がつくでしょう？　そんなふうにして、本の売り上げを上げるためのアイデアを考えては実行していったんです。

「一万円選書」もそのうちのひとつ。『広辞苑』の下取り寄贈プロジェクトと同じ

2007年に始めました。

前年、函館ラ・サール高校の先輩たちと飲んでいたときに、「本が売れない」と自分の窮状をこぼしたんですね。そしたら、札幌高裁の判事だった先輩が「これで、俺に合うおもしろそうな本を見繕って送ってほしい」って1万円札を差し出したんです。これは本屋にとって究極の問いだ、と思いました。選べなければ、うちにはおもしろい本がないということになる。その1万円札を受け取りながら大きなプレッシャーを感じていました。

帰宅して店の本棚を見渡し、先輩の人となりを考えながら、これまで自分が読んでおもしろかった本の中から、あれがいい、これじゃないと懸命に考えて10冊ほどの本を選びました。手紙を添えて送ったら後日、本を読んだ先輩が「おもしろかった」という感想とともに、「俺みたいなやつが100人もいたら、本屋の経営も安定するべ」って言ってくれたんです。「先輩、そんなうまい話があるわけないじゃないですか」って返しながらも、心に沸き立つものがありました。

先輩のことを想像しながら、読んでほしい本を選ぶことは楽しかったし、喜んでもらえたことにそれなりの手応えも感じたんです。おもしろい本をすすめて、その人にとって新しい本と出会ってもらう。これこそ本屋の仕事でしょう?

このとき僕は改めて、「読者の目線で本棚を見直す」ことの大切さにも気づかされました。これまで、新刊やベストセラーを中心に棚を考えていたのですが、読者は一人ひとり違うのだから、求めている本も一冊一冊違うはずだと気づいたんです。もちろんベストセラーはより多くの人が、その本を求めていた、あるいはおもしろい!と感じたものです。僕が選ぶ本の中にもベストセラーはあります。一方で、必ずしもあらゆる巷の売れ筋が、「その人」にフィットするわけではないとも思うんです。先輩も、本屋で「今週、売れています」と表示された本が「いまの自分にとっておもしろい本なのか」思い悩んでいるうちに店を出てしまうことがある、と言っていました。

この経験から僕は、読者が「いま何を読みたいか」にもっと耳を傾けて本をおすめする本屋になりたいと思うようになりました。そうしたオーダーメイドの選書こそ、僕にできることなんじゃないか、と。

そうして、ホームページで募集をかけて「一万円選書」を始めたんです。先輩の言葉がなかったら、先輩に愚痴をこぼすほど追い込まれていなかったら、一万円選書は生まれてなかったでしょうね。

ニューヨークの本屋を巡って

一万円選書を始めてみたものの、反応は芳しくありませんでした。応募が来ない。ああ、これもダメかって肩を落としましたよ。

そんな最中、2008年にね、函館ラ・サール高校時代の友人4人とアメリカ旅行をしたんです。砂川小学校時代からの友人、モリタ君が出世して三井化学アメリカの社長になってニューヨークで暮らしていて、遊びに来ないかと言ってくれたので。格安航空券を取って、彼の家に泊まらせてもらいましてね。ブロードウェイで遊び回って、車でニューヨークからモントリオールの友人宅まで、ナイアガラ経由でドライブして。高校時代に学生運動をしていた僕らを処分した、当時の校長がモントリオールにあるラ・サール会の修道院にいたものですから、挨拶にも行きました。塞ぎがちな日々から離れて、旧友とはしゃいで、本当に楽しかった。

そのとき僕はひとりで、マンハッタンの書店巡りをしたんです。ニューヨークの有名な老舗の本屋、「Ｓｔｒａｎｄ Ｂｏｏｋ Ｓｔｏｒｅ（ストランドブックストア）」

はやっぱりすてきでしたね。あまりに魅力的で２日連続で行っちゃいました。ロバート・デ・ニーロとメリル・ストリープが共演した映画『恋におちて』の舞台になった書店「ＲＩＺＺＯＬＩ（リゾーリ）」もいい雰囲気だった。ドキュメンタリー映画にもなっている「ニューヨーク公共図書館」もずっといたくなるような心地よさでしたよ。ニューヨークの老舗の本屋も図書館も賑わっていたし、本が生きている棚や空間に心が躍りました。

そんな中、ショックだったことがあったんです。日本から出店している書店も見に行ったんですが、入り口にずらーっと並んでいたのは、コミックでした。もちろん、コミックは日本の文化のひとつです。だけど、日本にも日本の作家が書いたおもしろい本がたくさんあるよ、と声を大にして叫びたくなりました。

ニューヨークの本屋を巡って羨望を抱いて屈辱を味わって帰ってきてからも、いわた書店の現実は相変わらず、厳しいものでした。「一万円選書」に応募があるのは、月にひとりか、ふたり。先輩が言っていた「１００人」には到底、届きそうにない。それでも、ささやかながら、手応えはあったんです。

「選書カルテ」を読んで、たったひとりのために本を選ぶ仕事はやっていて楽しいし、お客さんの満足度も高い。ひとりでもふたりでも、「体験できてよかった」「本がおもしろかった」って言ってくれる人がいたことは、なにより励みになりました。体験した人がクチコミで広げてくれることも、メディアに取り上げられることも、よくあったんです。フジテレビの夕方のニュース番組で中継をつないだこともあった。その後3日くらいは何件か電話が鳴ったけど、波は起きずに静まってしまう。少し話題になっては消えていく。その繰り返し。テレビのディレクターがおもしろがってくれても、一般の人たちに広がって定着することはありませんでした。

ブレイク前夜。人生のどん底

「一万円選書」を含め、なにをやってもうまくいかなくて、いよいよできることがなくなってきた。店も暇だから、毎日のように昼間、孫と一緒に駅舎に汽車を見に行っていました。じーっと見ていたら、運転手さんが汽笛を鳴らしてくれるようになってね。孫は喜んでいたけど、僕はかなり思い詰めていました。もしかしたら、運転手さんは、僕が線路に飛び込まないか、心配していたんじゃないかなあ。

２０１３年。これまでの人生を振り返ってみても、この年が一番きつかった。どん底でした。いわた書店を始めた親父が亡くなって、資金繰りがいよいよ立ち行かなくなってきました。改装するときに、長期でローンを組んでいたのですが、書店の商売は利益率が高くないのでね。うちの場合、１冊１０００円の本を売って、利益になるのは、２割少しの２２０円。乾いた雑巾を絞るようにして、人件費を削って、売り場を縮小し、細かい経費を削ることで、なんとかやってきたわけです。もうこれ以上は絞れない。20年以上、あれこれ知恵も出しきって打てる策が浮かばない。いよいよいわた書店をたたむしか選択肢がないだろう。そうして、その年の暮れに、函館ラ・サール高校の同級生で、札幌で弁護士をしている友人の事務所を訪ねたんです。子どもや孫たちに迷惑かけないよう軟着陸できるうちに、どうやって店をたたむのがいいか教えてくれって。重要な話なので、妻も連れて行きました。

彼はわざわざ日曜日に事務所を開けてくれて、じっと僕の話を聞いてくれましてね。地元ではなかなか弱音が吐きにくかったんです。「あそこはもうすぐ潰れるぞ」なんて言われたら敵わないので。気を張っていたから、第三者である彼が親身に話を聞いてくれただけで、少し心が軽くなりました。彼は、もう少しできることがあるかもしれない、といろいろ算段してくれて、「あと1年だけがんばってみないか」って背中を押してくれたんです。持つべきものは友ですね。

60歳を超えていたので年金をもらって給料を下げるとか、彼のアドバイスを受けて、できることをやりながら、もうちょっとだけ踏ん張ってみようかと。そうやって、ほんの少しだけ前を向いて、人生で一番、思い悩んだ年が暮れていきました。

晴れた霧、この花園を見るために

忘れもしない2014年。

テレビ朝日の「アレがスゴかった‼」という深夜番組から取材依頼があり、ディレクターがひとりでカメラを持って砂川までやってきました。暇だったんで、2日間車に乗せてあちこち連れまわしましてね。山の上から遠景が見たいというので、一緒に山に登って下りて帰る途中、子熊が車の前を横切ったんです。近くにいるであろう親熊に車を押されたら崖から落ちちゃいますから、逃げろ！ってひやひやしながら車を飛ばして事なきを得た、なんてこともありました。

無事に撮影を終えて、迎えた放送日。これまで何度も取材は受けてきましたし、深夜放送だし、こう言っちゃなんだけど、そんなに効果はないだろうなあってまったく期待はしていませんでした。だって、みんな月曜の朝から仕事なんだから、日曜の深夜に誰も見ないと思うじゃないですか。ところが、蓋を開けてみたらとんでもない。

放送翌日、月曜の早朝、インターネットの検索急上昇ワードに「一万円選書」が上がって、「これはなんだ？」ってことで、問い合わせが殺到。地上波全キー局から電話で取材オファーがありました。いわた書店のホームページのアクセス数も跳ね上がって、メールで一万円選書の申し込みが山ほど届いた。最初は何が起きているかわからなかったですよ。うそだろ、うそだろ、うそだろって、もう混乱状態。夢の中にいるんじゃないかと思いました。

何が起こったのか。深夜に番組を見ていたスマホ世代の人たちが、SNSで広げてくれていたんですね。僕が戸惑っている間にも、いろんなところから情報をかき集めて、インターネットのまとめサイトにスレッドを立ち上げて書き込んで、僕より上手に詳しく説明してくれているわけです。どんどん拡散されていって、放送3日後には555件の申し込みが来たんです。これ以上受け付けるのは無理だってことで、募集をストップしました。インターネットの拡散力には驚かされましたよ。超アナログな僕の仕事が、デジタル社会に助けられるんだから。

「本屋の神様はいた‼」

妻はそう言って、一緒に喜びました。やっと見つけてくれた。本屋を続けていて、あのときあきらめなくて、本当によかった。やってきたことは間違ってなかった、と。

それまでの20年はずっと、先の見えない霧の中をひたすら下山しているような感覚でした。不安と恐怖を抱きながら、ぐらつく足元を確認し一歩一歩進む。進むといっても、前ではなく底に向かっているようでした。それでもなんとか歩を止めずにいたら、ある日突然、霧が晴れて目の前に花園が広がっていた。ああ、この景色を見るために、大変な山道を下りてきたんだなと思えるような、美しい花園が。

本当に、あの日を境に、オセロの石が一気にひっくり返るようにして、書店主として見える景色が180度変わったんですね。

一万円選書が軌道に乗ったことで、売り上げが立って資金繰りが滞ることなく、経営が安定しました。支払いに追われなくて済む。何より、一人ひとりに自分がいいと思った本を届けられる、本屋の仕事が楽しくてしょうがない。それが一番ですよ。

63歳にして僕はやっと、ずっと「やりたかった本屋」に近づけたんです。おもしろい本を書いた作家のバトンを読者につなげる本屋に。

一度は本屋をたたもうと思った人間が、69歳になってもなお、老いぼれて頭と体が動かなくなるその日まで本屋をやろう、と思っているのですから。人生は、不思議なものです。本当に何が起きるか、わかりません。

「選書カルテ」が果たす役割

あなたが求めている本を見つける手がかりに

一万円選書がブレイクしたあと、僕は1年かけて555人の選書を行いました。時が経てば読んだ本も増えているだろうから、「あれからどんな本を読みました？」というやりとりを一人ひとりと重ねましてね。これが大変だったの。このやり方では余計な手間と時間がかかってしまう。それからは年に一度、1週間の募集期間を設けた抽選方式にして、ご縁のあった方にだけ、月に100人くらいずつ、「選書カルテ」を順に送ってもらって選書しています。

その後もNHK「プロフェッショナル 仕事の流儀」をはじめ、メディアでもよく取り上げてもらったし、体験した人がブログやSNSに投稿してくれるもんだから、おかげさまでたくさん注文いただいています。ありがたいことに、いまでも、3000人ほどのお客さんが僕の選書を待ってくれているんですね。

どうしてこんな田舎の小さな本屋に全国から注文が殺到するのか。取材なんかでもよく聞かれるんですが、やっぱり一万円選書の鍵になる「選書カルテ」が果たす役割は大きいでしょうね。

「選書カルテ」は、お客さんご自身に、これまでの人生や現在の悩みを書き出してもらったもの。僕はそのカルテを読んで、その人に読んでほしい本を選んでいきます。それこそお医者さんが診断するときに見る、患者さんの過去の病歴や現在の痛みが書き込まれた「カルテ」のような位置付けですね。

僕が最初に高校の先輩に本を選んでおもしろかったと言ってもらえたのは、ある程度先輩の人柄や状況を知っていたからだと思うんです。顔の見えない不特定多数の「みんな」ではなく、顔が見える「あなた」に向けたものだったから、僕も選びやすかったし、喜んでもらえた。だから、一万円選書を始めるときに、本を選ぶ手がかりとして、相手のことを知りたくて「選書カルテ」をつくったんです。

内容は少しずつ変わっていますが、いまは年齢や家族構成、お仕事、最近気になったニュースや読んでいる雑誌に加えて、この本の冒頭に書いたような内容に落ち着いています。

◇◇◇

——これまで読まれた本で印象に残っている20冊を教えてください。

——これまでの人生で嬉しかったこと、苦しかったことは？

——何歳のときの自分が好きですか？
——上手に歳をとることができると思いますか？
もしくは、10年後どんな大人になっていると思いますか？
——これだけはしない、と決めていることはありますか？
——いちばんしたいことは何ですか？
あなたにとって幸福とは何ですか？

◇◇◇

「答え」はその人の中にしかない

この選書カルテの問いに、すっと答えが出てきた人は少ないのではないでしょうか。

考え込んじゃいますよね。そう。選書カルテを書くのには、時間も覚悟も必要なんです。お客さんの中には、「書き出すのに1ヶ月かかった」「10回以上書き直した」という方も多くいます。

たとえば、これまで読んできた本の中で印象に残っている20冊を書き出すことは、そのまま人生を振り返ることになります。幼い頃の思い出、若い頃に考えていたこと、かつて興味があったこと、自分の価値観をかたちづくったもの、変わったこと変わらないこと。いろんなことが浮かび上がってくるでしょう。

これまでの人生で苦しかったことを書き出すのはつらい作業だと思います。「涙があふれて筆が進まなかった」というお客さんもいます。誰だって苦しかったことやつらかったことには触れたくないですから。でも、蓋をしていたものを開いて一旦外へ出してみると、すっきりする、なんてこともあるんですね。

そうやってみなさん、選書カルテを書く過程で結果的に、思い出したくない過去の傷に触れてしまったり、乗り越えなきゃいけない課題を見つけたりするわけです。それで、ふっと「いま」やるべきこと、やらなくていいことが見えてくる。

たとえば、母親と確執があったとして、その傷に触れないまま親が亡くなってしまったら、その傷はずっと心に残ってしまうでしょう。それを見つめ、本屋のおやじである僕にカルテを通じて「話を聞いてもらう」と、気持ちが少し楽になるんじゃないかと思うんです。

実は、カルテを書いてもらった時点で、選書のための作業はほぼ終わっている、とも言えるのです。

本当に、人生いろいろですから。悩みがない人なんていないんです。傷つけられることも、傷つけてしまうこともあります。もし悩みがない、傷ついたことがない、という人がいたら、忘れているか、蓋をしているか、見栄を張っているか。もし希《まれ》にそういう人がいたとしても、一万円選書には応募してこないでしょうね。

一万円選書に応募したお客さんは、この選書カルテを書くことで、自分の過去の傷を癒したり、現在地を見つめ直したり、向かいたい未来に進んだりするための、解決策やアイデア、何かしらの「答え」をご自身で導いていかれるんですね。「本当はこれがしたい」「これがしたくない」「あの人に会いたい」と。職場や学校などの周りの評価とか、SNSの情報に振り回されない、自分の本心に気づいていく。結局、「答え」はその人の中にしかない。自分で見つけるしかないんです。

僕は特別に相談に乗ったりアドバイスをしたりはしません。ただ、選書カルテを読むことで、まだ本人も気づいていないその人なりの「答え」を見出し、それを肯定してくれる本を選ぶんです。その人が望む生き方を肯定し、人生に寄り添ってくれる本を。それが本屋の僕にできる精一杯のこと。

本はいつだって、弱者や少数派の味方ですから。その人の背中を押してくれる言葉や文章が見つかるはずなんです。

履歴書じゃわからないこと

この選書カルテは、自分と向き合うこともそうなんだけど、自分をさらけ出さないと書けないんですね。その点、ちょうどいいことだと思うんです。僕が北海道の田舎に暮らしているということは。きっと一生涯会わないだろう、会ったとしても北海道に旅行に来たときなんかに、お店で立ち話をするくらいの関係性でしょう？　近しい人や知り合いにこのカルテの質問を聞かれたら、真正面から答えるのは恥ずかしいじゃないですか。本棚を見られるのも嫌ですよね。でも遠い北国の本屋のおやじなら、個人的なことをどれだけ好き勝手書いても周囲に広まることもないし、大丈夫って思えるんでしょうね。

そんなわけで多くの人が、自分をさらけ出してあふれんばかりの思いを綴《つづ》ってくださる。もちろんさらけ出していない人もいるんですが、行間から伝わってくるものもあるんです。「私は幸せでしょうがない」って書いてあるのに、子どものことは書いてあっても、夫のことは一切書いてなかったりして。これは何か匂うぞってね。中には、何十枚も書かれる方もいて、読むだけで1時間近くかかっちゃうこともある。

直接お会いしたことのないお客さんのカルテを読んでいて感じるのは、「自分のことをわかってほしい」という切実な気持ち。自分はこういう人間なんだ、こういうことがしたいんだ、これが嫌いなんだ。岩田さん、聞いてくださいよ、わかってくださいよ、って。悲痛な叫びのようにも聞こえます。

僕、この選書カルテの対極にあるものが「履歴書」だと思うんです。学歴や職歴を並べて、取り繕った言葉で書かれた志望動機を見ても、その人のことなんて何ひとつわからないでしょう？ 履歴書より選書カルテのほうが、よっぽどその人のことがよくわかります。

選書カルテに映し出されるのは、それぞれの人生。本当に一人ひとり、別々の人間です。誰一人として同じじゃない。でも、社会に出れば、おまえの代わりなんていくらでもいるって、時間あたりの単価を下げられちゃう時代でしょ？ 自尊心が削られちゃうよね、どんどん。僕にもそういう時代があったから、よーくわかるんです。その悔しい気持ちが。

これまでこの本を読んできたあなたがご存じの通り、20代、30代、その後も僕は失敗ばかりしてきました。何をやってもうまくいかず、それを他人のせいにして世を恨んでいたのです。成果が出ないことに「おまえの代わりなんていくらでもいる」と烙印を押されたようで、腹が立って腹が立って、腹が立ってね。店番をしていた30代の頃、托鉢しているお坊さんが店に入ってきて、キリっと僕の顔を見て、紙に大きな丸を書いてくださったことがあります。「丸くおなりなさい」って。それくらいイライラして、文句ばっかり言っていたんです。周りはずいぶん迷惑を被っていたでしょう。

一万円選書でみなさんのカルテを読んで人生を垣間見ていると、「過去の僕」のような人に出会うんですね。イライラして、いつも誰かにケンカをふっかけようとしているような。そんなときは過去の僕に読ませたい本を選びます。そうしていま、もがいてもがいて人に散々迷惑をかけてきた過去の自分の経験も無駄じゃなかったと思えるんですから。人生は、敗者復活戦。たとえいまが下り坂でも、ある日突然花園が現れることがある。でも下っている最中は、そんなことには気づけないし、ひたすら苦しい。そうやって追い詰められているときは、話を聞いてもらうだけでも楽になるはずなんです。

だから僕はお客さんに、カルテに自分のことをたっぷり、ゆっくり書いてもらう。そしてカルテを読むことで、その人の話をただ聞くんです。

後輩の心療内科の先生に、「岩田さんがやっていることは僕らの仕事と同じですね」って言われました。心療内科では、患者さんの話を聞くことがメインの仕事らしいんです。そうでしたか、大変でしたねって。もちろん重症な場合は、薬を使うこともあるんだろうけど、話を聞く過程で患者さんは心に抱えている重荷を下ろして、自らの力で回復していくようなんです。

たしかに、選書カルテを書くことで、自分の傍にいた「もうひとりの自分」が立ち上がってくることがあります。つまり、自分自身を客観的に見られるようになる。僕は何も言わないんだけど、お客さんにとっては、選書カルテを書き出すこと自体がセラピーになっているのかもしれません。

いわた書店の2階にある、これまでのお客さんの選書カルテ。14年間で1万人以上の選書をしてきた。

第3章

僕はこうやって本を選ぶ
——いわた書店の珠玉のブックリスト

あなたの運命の1冊の見つけ方

では僕は、「選書カルテ」を読んでどんなふうにして本を選んでいくのか、お伝えしていきましょう。あなたが本を選ぶときに、少しでも参考になれば幸いです。

NeedsではなくWantsを見つける

まず、お客さんはなぜ、品揃えが豊富な大型書店でもなく、クリックひとつですぐに商品を届けてくれるネット書店でもなく、北国の小さな書店の「一万円選書」にわざわざ応募をしてきてくれるのでしょうか。それは、必ずしもベストセラーではなく、自分が本当に必要な本、読みたい本を求めているからということなのではないか、と思います。10年後、いやせめて5年後でも価値を持ち続ける言葉、読んでおいてよかったと思える1冊を探しているんです。

ところがどうやらみなさん、仕事に家事に忙しすぎて、じっくり自分自身や、子どもや孫のために本を選ぶ余裕がないようなんですね。人に本を選ぶということは、その人にとって親や先生以外の〝もうひとりの知恵者〟を紹介するようなことです。選書カルテを通して、その人の人となりやいまの悩みの話を聞いたうえで、「こんな本も読んでみたら？」と提案する。僕がやっていることは、子どもの頃にやっていた「おもしろい本の教えっこ」の延長にあるようなことだと思うんです。本が好きな人間としても、本屋としても、こういうコミュニケーションがとれることは、非常に嬉しいことです。

野村総合研究所未来創発センター2030年研究室長の齊藤義明さんが、僕がやっていることは「Ｎｅｅｄｓ を探すのではなく、Ｗａｎｔｓ を創造する」ことだと分析してくれたんです。齊藤さんいわく、Ｎｅｅｄｓは「これがほしい」といったお客さんの顕在化している欲求で、Ｗａｎｔｓは提供されたときにお客さんが「そうそう、これがほしかったんだ」と思うような潜在的な欲求のこと。たとえば、ネット書店は読者が「これがほしい」というはっきりしたＮｅｅｄｓで検索して本を探しますよね。

で、アルゴリズムによって同じような関連本がすすめられる。一方、一万円選書は、あなたはこんな本を求めているんじゃないのって、僕が本人も気づいていない欲求を汲《く》み取って、ご自身では探せないような本を紹介します。AIにはできない、行間を読んで、Wantsを見つけてあげる作業だって、齊藤さんは言うんです。

たしかに僕は、選書カルテを読んで、書かれていることをそのまま受け取るんじゃなくて、行間、つまり書かれていないことを想像して、本当はこんな言葉を求めているんじゃないの?って気持ちで本を選んでいます。その人が本心で求めていることが書かれている本を、これまで読んできた1万冊ほどの本の中から見つけ出す。そうやって潜在的なWantsを引き出すことができたら、本屋として、こんなに嬉しいことはありません。

僕がお客さんのWantsにアプローチできるのは、前章で詳しくお伝えしたように「選書カルテ」があってこそ、です。この本を読んでいるあなたも一度、「選書カルテ」を書いてみてはいかがでしょうか。自分が潜在的に何を求めているのか、どんな本を読みたいのか、少しずつ見えてくるはずです。

初心者から玄人までおすすめできるテッパンの4冊

一万円選書に応募してくれる方の約7割が、本を読みたいけど何を読んでいいかわからないといった方々です。自分にとって「いい本」がわからない、いわば「生の読書体験」をしていない方とも言えます。

だからまずは、読みやすくてわかりやすい、難しいことをやさしく書いてあるような本をすすめるんです。それでいて、人生において大事な言葉がぽっと書いてあるような本を。小説であれば短編が連作になったような本、政治経済など堅いテーマなら対談本、といった具合に。一万円選書で僕が選ぶ、代表的な本を紹介しましょう。

いわた書店で一万円選書が軌道に乗った2014年8月から現在に至るまで、一番選書している本が加納朋子さんの『カーテンコール！』です。単行本と、解説を書かせてもらった文庫版を合わせて、町の小さな書店で3700冊以上売っているんですから、自分でも驚きます。

舞台は経営難で廃校が決まった萌木女学園。単位不足で卒業できない10人ほどの生徒に、特別補講が行われることになります。しかも寮にカンヅメのスパルタ式で。集まったのは、コミュ障、腐女子、食いしん坊、拒食症……となかなかに個性豊かな〝落ちこぼれ〟たち。寮生活をともにするうちに、それぞれの事情とコンプレックス、学力不振に陥った要因が明らかになっていきます。

「空気を読む」とか「同調圧力」という言葉があらわすように、日本の社会は何かと窮屈です。多数派とみなされなければ、今度は自分がハジかれるのでは？　とおびえて生きている人も少なくないように思います。特別補講の日々、理事長先生はそれぞれに「生きづらさ」を抱えた生徒たち、一人ひとりに向き合います。

大人がよかれと思って伝えた言葉に苦しめられる子に「そんなに自分を責めないで、許してあげなさい」とアドバイスする理事長先生。「人生は長いんですよ」「私ぐらいに生きてから振り返れば、あんなものは苦労のうちに入らなかったと、しみじみ思える日がやってきますよ……」と語りかけます。僕も理事長先生と同じくらいの歳ですから、とてもよくわかります。かつての苦しかったことが大したことではないこと、寄り道に見えた時間が実は次のステージへの大事な踊り場であったことが、いまはわかるのです。一万円選書が多くの人に届くまでの道のりがそうであったように。「僕の人生、ここで詰んだのかな」と思ったときに、お客さんがいわた書店を見つけてくれた。たくさんいただいたご注文メールは、お客さんからのカーテンコールでした。『カーテンコール！』に出会ったとき「これだ！」と膝を打ちました。人生にはさまざまな困難が待ち構えていて、人は歳をとる中で、いろんなハードルを飛び越えていきます。失敗もしながら。理事長先生が生徒に向けた「もう駄目だ、耐えられないと思った時、自分の足で逃げられる力を、今のうちに育ててください」という言葉は、作者から僕に託されたパスだと思いました。今度は僕が、本の中にも登場する「あなたは素晴らしい」というひまわりの花言葉を読者にパスしたいんです。「過酷な灼熱の太陽の下で、すっくと天を仰ぐ大輪の花のように、とてもとても素晴らしい」という言葉を。

朝倉かすみさんの『田村はまだか』も、どんな人にも読んでもらいやすい1冊です。この本もいわた書店で3000冊ほど売っています。

舞台は札幌ススキノ、深夜のバー。小学校のクラス会の三次会で、男女5人がそれぞれの過去を脳裏で振り返りながら、吹雪で遅れている同級生を待つんです。「田村はまだか」と。

小学校の頃、僕はあと50億年もすると太陽がものすごく大きくなって地球を飲み込んで、最後には燃えかすだけになってしまう、ということを本で読んで驚きました。だって、嫌いな給食を残さず食べたって、逆上がりの練習を一生懸命やったって、結局はみんな死んじゃって宇宙のゴミみたいになっちゃうんでしょう? 正直、ショックでした。

この本の中の登場人物のひとり、6年1組の中村理香も「いつか絶対みんな死ぬんだ」と知って何もかもがつまらなくなってしまいます。クラスに溶け込もうとしない問題児。そんな彼女に「どうせ死ぬから、今、生きてるんじゃないのか」と言ったのが田村久志でした。「どうせ小便するからって、おまえ、水、のまないか? どうせうんこになるからって、おまえ、もの、くわないか?」「でも、今は生きてるんだ」「おれの指は動く」「おれの脚は動く」「心臓が動いている」「……泣くなよ」なんてことを小学6年生が言ったのです。

それから30年後の同窓会。40歳を超えた彼らにも、この言葉は響くんですよね。歳を重ねて、こうやって懐かしく青春を思い出すっていうのはいいなと思うんです。ある日突然年寄りになるわけじゃなくて、じわじわいくものだから、自分ではなかなか気づかないんだけど、僕も同窓会に行くと、過去を振り返りながら、これからどうしようかってことを考えることになるんですよ。バーのマスターがノートに記したのと同じように、「どうせ死ぬから、今、生きてるんじゃないのか」って心に書きつけるようにしてね。

普段はビジネス書を中心に読むようなバリバリのビジネスパーソンにすすめて評判がいいのが、いしいしんじさんの『トリツカレ男』なんです。この本も3000冊近く売っていますね。

たった150ページほどの童話みたいな物語。オペラ、三段跳び、サングラス集め、潮干狩り、刺繍、ハツカネズミの飼育……。主人公のジョゼッペは何かに夢中になると寝ても覚めてもそればかり。あだ名は「トリツカレ男」。そんな彼が、寒い国からやってきた風船売りの少女ペチカに恋をした。ペチカの笑顔の底ににごりがあることを感じ取ったジョゼッペは、彼女の笑顔を取り戻すために、こっそり、自らを顧みず尽くすんです。
ピュアなラブストーリーなんですが、野村総研で働く男性たちに紹介したら大ウケで。彼らは「スティーブ・ジョブズのスピーチと同じことが書いてあった」と言うんです。Connecting the dots――点と点をつなげる。つまり、過去の経験が思いもよらぬところで活かされる状況になる、と。いろんなことに夢中になれるジョゼッペのようなやつじゃないと、好きな女の子ひとり口説けないし、何事にもとにかく真面目に一生懸命に取り組んでいけば、点と点がつながっていく、というわけです。

この3冊は、普段は本をほとんど読まない人にも自信を持っておすすめできます。こうした本を切り口に本屋として僕は、読者を本の世界の土俵に引き摺り込む、いや、ご案内していくのです。

ちなみに、これらの本は発売から数年、あるいは10年以上の月日が経っていますが、決して色褪せることがありません。いまでもよくご案内している、いわた書店のロングセラーです。僕自身もよくテレビ取材を受けたりラジオに出演したりするんですが、テレビは「秒」単位、ラジオは「分」単位、そして本は「年」単位なんですね。時間の流れが。中にはすぐに陳腐化してしまうものもありますが、100年の時を超えて燦然《さんぜん》と光り輝く「言葉」を体現する名著があるのが、本が本たるゆえんなのでしょう。

小説以外にも、金井真紀さんのパリの街中で出会ったおじさんのインタビュー&スケッチ集『パリのすてきなおじさん』も、軽やかに深いことが書いてある、一万円選書のレギュラーです。イラストがメインで、文章も読みやすい。それでいて、おじさんを窓口に、移民問題やテロ事件、差別の歴史など、世界が直面する問題まで見えてきちゃう。軽やかなタイトルと装丁からは想像することができない、グッとくる深い本なんです。きっとこれからも長く読み続けられることでしょう。

僕は子どもの頃、親や先生たちがよかれと思って押し付けてくる意見が大嫌いでした。だから早く家を出たいと思っていたわけですが、親戚のおじさんはそこに穴をあけて風を送ってくれるような存在でした。ちょっと距離があるからいいんでしょうね。いまの日本には風穴を開けてくれるような格好いいおじさんは少なくなってしまったように思います。ですが、この本の中ではたくさんの個性的なおじさんに会うことができます。この本を読んだとき、僕は本屋の世界でそういう「おじさん」になろう、と思いました。「カネのためにやってんじゃねえ」とか、やせ我慢をしながら自分が信じる道を進んでいこう、と。自分の指針になるような「これは！」と思える本に出会えるのは、なんとも幸せなことです。

普段本をあまり読まないという方は、こうした本から手に取ってみてはどうでしょう。もちろん、本好きの玄人さんにも喜んでもらえると思います。読みやすくて色褪せないこれらの本はきっと、本を読むことがいかに楽しいかという「生の読書体験」を与えてくれるはずです。

詩集や海外文学で読書の幅を広げる

誰にでも響くオールマイティな本はない、と思うんです。同じ本でも、ぴったり自分に重なる人もいればそうでない人もいるし、それぞれのタイミングもあるし、心に引っかかる言葉も違えば、感じ方も異なる。だからこそ1万円分っていうのが、ちょうどいいと思っています。1冊ではそんなに効力がなくても、10冊ほど組み合わせたら、合わせ技一本取れるかなと。あの手この手で本を選んでいくと、僕が伝えたかった言葉ではなく、案外、違う角度からの言葉が読む人の心のど真ん中を射抜く、なんてこともあるんです。

1万円分、10冊ほどの中で、少なくとも半分くらい、いや3分の2くらいはおもしろい！　と思ってもらえたら、本屋として合格ラインかなと思っています。

合わせ技一本で勝負するときに、先に挙げたような読みやすい小説に混ぜておくのが、小説よりも手に取ることが少ないであろう、詩集や歌集です。僕は失敗を繰り返していた頃、何冊かの詩集と歌集に支えられていました。

戦前戦後に鳥取で活躍した写真家・植田正治の写真に、池井昌樹の詩を添えた『手から、手へ』。詩集でありながら、いわた書店では、2000冊以上売れています。

「どんなにやさしいちちはははも、おまえたちとは一緒に行けない。どこかへやがてはかえるのだから」――。

何気ない言葉と写真が非常に味わい深いんですね。モノクロの写真は、僕が子どもだった時代の、昭和の写真ですから、懐かしさが込み上げてきます。

この詩集は、美容院なんかで雑誌と一緒に置いておくと、パラパラ開いた女性が涙を流している、なんてこともあるようなんです。うちでも、毎年正月に親戚が集まったときに、お年玉をもらいにきた高校生や大学生に『手から、手へ』を回すと、みんなが飲み食い騒いでいる隅のほうで、ひとり泣いているんだよね。親を大事にしろとか説教を垂れるより、こういう本をそっと回すほうが、沁みるんですよ。親戚の集まりでは、親父もおふくろも、叔父さんも叔母さんもみんな逝ってしまって、とうとう僕が最年長になっちゃった。みんないつか死んじゃうんだから、生きている間に大事にしないと、ね。

長田弘さんの詩集『深呼吸の必要』もよく、選書で選んでいます。

自分が何者なのか、何に向いているのか、本当は何がしたいのか。誰しもが迷い悩むことがあると思います。僕もそのひとりでした。苦しかった時代、最後のページに綴られた言葉にどれだけ支えられたか。

「大事なのは、自分が何者なのかではなく、何者でないかだ。急がないこと。手をつかって仕事をすること。そして、日々のたのしみを、一本の自分の木と共にすること」。

大きな木を見て立ち止まるように、深呼吸をするように、この本のページをめくって、言葉をじっくり味わってみてほしいです。現在の文庫版の帯に推薦文を寄せている元欅坂46の長濱ねるさんもうちのお客さんで、一万円選書に自ら応募してきてくださったことがあります。嬉しい限りです。

歌人・萩原慎一郎さんの『歌集　滑走路』もよく選書に入れるんですが、歌集ははじめて読んだという方が多いです。この歌集では、若者の葛藤や不安、それでも希望をたぐりよせようとする姿が歌われています。

「生きているというより生き抜いている　こころに雨の記憶を抱いて」
「牛丼屋頑張っているきみがいてきみの頑張りは時給以上だ」
「きみのため用意されたる滑走路きみは翼を手にすればいい」

萩原さんは、いじめ、非正規雇用を経験し、その苦しさや痛みを歌いながらも、同じように困難な時代を生きる人たちにやさしい眼差しを向けています。そしてここではないどこかへ飛び立とうと力強く励ましてくれる。萩原さんにとってここではないどこかは短歌の世界にあって、歌を詠み、歌集を出すことは「滑走路」だったのです。あとがきを入稿した後、32歳という若さで突然この世を去った歌人が残した唯一の歌集。特に若い世代に読んでもらいたい歌集です。

一万円選書で僕は、大体10冊から12冊ほどの本を選ぶので、読みやすい小説を中心に、詩集や歌集、ほかにも海外文学や学術書など、普段はなかなか手が出にくい、意表をつくようなものを1、2冊、混ぜるんですね。ジャンルを広げ、本の世界を深めていってもらえたらいいなと思いながら、合わせ技一本で勝負しているのです。

海外文学もなかなか手に取る機会が少ないのではないでしょうか。僕が特に若い人の選書に混ぜるのがドイツの作家、ベルンハルト・シュリンクの『朗読者』です。ナチス時代のアウシュビッツ強制収容所で犯した罪をどう捉えるのか。親の世代に終わったはずの戦争が影を落とす愛の物語。25ヶ国で翻訳された世界的な名作です。薄い本ですし、戦争を知らない若い世代にこそ、読んでほしい1冊です。

海外文学は欧米だけではありません。アジアは韓国からとんでもない本がやってきました。ソウル生まれソン・ウォンピョンの『アーモンド』です。脳の中で感情を司る扁桃体（アーモンド）が人より小さく、怒りや恐怖、悲しみ、喜びや楽しさといった「感情」がわからない16歳のユンジェ。祖母は彼を「かわいい怪物」と呼びます。母親は彼に感情を丸暗記させようとします。つまり「普通の子」に見えるように、「みんなと同じ」にしようとするのです。そのことにもだえ苦しむユンジェがたどる運命とは……。悲劇のあとの出会い、そして最後に立ち現れる奇跡の瞬間。日本で発売されてからすぐに読み、その年（2019年）に読んだ小説の中で最高傑作だと感じました。

読みやすく色褪せない小説の次には、こうした詩集や歌集、海外文学にも挑戦してみてほしいです。普段はあまり手に取らないジャンルの本を読むことで、本の世界はより一層深みを増していくでしょう。

「歴史」が描かれた名作から学ぶ

出会うタイミングによって、1冊の本が世界の見方を変え、人生に転機をもたらすことがある。僕にとってもそんな1冊があります。

そのひとつが日本近代史家である渡辺京二さんが記した『逝きし世の面影』です。江戸末期、明治初期に来日した外国人が残した文献を集めて編んだ、日本の文化と日本人のルポルタージュ。ここに登場する僕らのご先祖さまたちは、あまりにも心やさしくいとおしい。貧乏人は存在するけれど、貧困なるものは存在しない、桃源郷のような社会があったのです。

読んだ当初から心を動かされて、一万円選書を始めるきっかけをつくってくれた先輩にもすすめました。「百年以上前の日本に来た外国人が何を感じたかを読んでください。今後の百年に何を残さなきゃならないかのヒントがあります」と。

読み終えたあとに僕は、その時代にタイムトラベルできたら、どんなことを伝えるかを考えたんです。こっちは歴史として、その後日本がどうなるかを知っているわけですから。明治になったらたくさん戦争をして、昭和になるまで続けて、ひどい目に遭《あ》うんだよって教えることもできる。富国強兵なんてしなかったら、そのまま穏やかな国でいられたかもしれない。日本人が幸せで豊かな人生を送るために、どんなアドバイスができるだろうか。

そんなことを考えていたときに、いまもそのときだよねってことにハッと気づいたんです。いまやっていることも、やがては過去になる。だったらいま、どうする？　大事なことは何だ？　やるべきことは何だ？って考えることもできるよね、と。

それに、長く生きてきたものとして、アドバイスができることもあるんじゃないかって思ったんです。僕が直接アドバイスをすることができなくても、そっと背中を押してくれるような本を紹介することはできる、と。この「生の読書体験」は、一万円選書を生むきっかけにもなりました。

もし、タイムトラベルできたら？　そんな視点を持って読むとおもしろい本があります。スティーヴン・キングの『11／22／63』。「1958年にタイムトラベルできる扉」の存在を知った男が過去へ旅をして、「ケネディ暗殺の阻止」に挑んでいく物語です。タイムトラベルした先で、恋しちゃったりしてね。自分が生きる時代に戻ったらそれっきりお別れでしょ。そんなのもありながら、実行犯であるオズワルドの家に行って話をしようか迷ったりして。ある悲劇を阻止すれば、また別の悲劇が生じて、歴史の改変は困難を極めるわけです。上中下巻の壮大な物語なんだけど、中盤から夢中になって目が離せなくなっちゃう。ケネディ暗殺を阻止できるのか。結末は……言いたいけど、言えないです。

ちなみにいわた書店では、上中下巻合わせて5000冊以上売っています。海外文学だし、長編だし、なかなか手が出ないかもしれないんですが、岩田のおすすめってことなら読んでもらえるかなと、よく選書にも入れているんです。


「賢者は歴史に学ぶ」という言葉もあります。人ひとりが生きる時間には限りがありますが、先人の教えに学ぶことで過ちを繰り返さないよう、いまの時代が、国がどんな状態かを、客観的に捉えることができるようになると思います。

また、どんなに時代が違っても、人が思うことや考えることは、根本的には違わないのだ、ということにも気づきます。そう思うと、人類という長い歴史の中で自分が抱えているものも、ご先祖さまが感じていたことと一緒なんだ、そして乗り越えてきたことなんだ、と励まされませんか。

あなたに読んでもらいたい本

ここからは、選書カルテにみなさんが綴ってくださったことを思いながら、本をご紹介していきます。

忙しい毎日、たまにはゆっくりしたいあなたへ
〈40代・男性・大手メーカー勤務の方への選書〉

選書カルテの中にある「一番したいことは何ですか？」という質問の答えに、よく書かれているのが「もっとゆっくり、自分のペースで暮らしたい」ということなんです。目の前の仕事に追われて、慌ただしい毎日を過ごしているけれど、本当はもっと家族や自分の時間を持ちたい、田舎でのんびり暮らしたい、と。

たとえば、大手メーカーで働いている40代の男性。とにかく一生懸命働いて、海外で支社を立ち上げるくらい活躍して昇進もしたんだけど、実は自分のペースでゆっくり山の中で暮らしたい、と言うんです。でも会社からの期待もあるし、都内にマンションを買っているし、妻と子どももいるし、会社を辞めるにはハードルがある。どうしたらいいかわからない、と。

そんな彼にどんな本を選んだか。まず、最初に浮かんだのが、幡野広志さんの『ぼくたちが選べなかったことを、選びなおすために。』です。写真家で猟師の幡野さんは、34歳で治らないがん告知を受けた。しかも、息子さんがもうすぐ1歳半になるタイミングで。そこから幡野さんは、自分が亡くなってからも成長を重ねていく息子に手紙を書くように、言葉を残していきます。

「子どもの頃って、どうしても選ぶことができないけど、大人になったり、病気で人生が短くなってくると、じつはなんでも選べるし、選ばないといけないんですよね」。もしあなたが余命宣告をされたら？　どんな選択をする？　そんなふうに考えてもらえたら、とこの本を選びました。

次に浮かんだのが、ルポライターの笠井一子さんがまとめた『京の大工棟梁と七人の職人衆』。数寄屋《すきや》大工、左官、表具師、錺《かざり》師、石工《いしく》、簾《すだれ》師、畳師、庭師。失われつつある日本の美意識と文化を築いてきた、京の棟梁と職人の、匠の技と感覚、仕事と心を知ることができる1冊です。「最後の数寄屋大工」と言われた中村外二さんと家造り・庭造りの職人たち。それぞれがドキュメンタリー番組になるくらいひとつの道を極めてきた人なんだけど、自分にこの仕事は向いてないんじゃないかとか、悩んで迷って、それでも技を磨いていくんですね。どんなプロフェッショナルたちも葛藤を抱えながら、自分の山に登っているということがよくわかります。「仕事とは」——働く意義にぶつかった人にはぜひ読んでほしい本です。

ひとつの道を極める人もいれば、二刀流の人もいる。落語家で作家の立川談四楼《だんしろう》さんの『ファイティング寿限無』の主人公は、著者同様、二足の草鞋《わらじ》を履いています。駆け出しの噺家《はなしか》・小龍は、師匠の「落語がちょいと上手いだけで売れるわけがねえ。己に付加価値をつけろ」という言葉を真に受けてプロボクサーを目指します。しかも、世界戦にも挑戦しちゃうんです。落語家として有名になるために。

自分が望んでいる道に踏み出せないのは、会社を辞めたらどうやって食べていくか、不安があるからだと思うんです。でも本気でやりたいことなら、彼のように、合わせ技一本勝負で仕事をしたっていいかもしれない。こんな生き方があるんだなって、仕事に対しても人に対しても真面目でとにかく明るい主人公に背中を押してもらえるはずです。

いろんな生き方があるよ、という意味で入れたのは、鹿子裕文さんの『へろへろ――雑誌『ヨレヨレ』と「宅老所よりあい」の人々』。

福岡の街中に、毅然としてぼけた「とてつもない」ばあさまがいた。介護専門職員である下村恵美子が老人ホームに誘っても自宅で「あたしゃここで野垂れ死ぬ覚悟はできとる！」と言い放つ困った年寄りです。施設に当たってみても、「そんな超ものすごいばあさまじゃ困りますね。うちではとても扱えません」と断られてしまう。下村恵美子は爆発します。「けっ！　ばあさま一人の面倒もみきらんで、なにが福祉か！　なんが介護か！」「ああもうわかった！　もう誰にもたのみゃせん！　自分たちでその場ちゅうやつを作ったらよかろうもん！」こうしてたったひとりの困ったお年寄りを目の前にして、お寺のお茶室から始まった風変わりなデイサービス宅老所「よりあい」の話です。

人間味あふれる個性豊かな人たちが、お金を集め、笑いと知恵と勢いで、前代未聞の特別養護老人ホームの開設を目指す。合言葉は「ケ・セラ・セラ　なるようになるわ〜」。バザーを開いて手づくりジャムを売って募金を集めたり……。お金の話は（普通なら）つらくなりますが、彼らは愉快痛快で、お金の話をしているのにケラケラ笑ってしまう。それでいてちょっと泣ける。

そんな「よりあい」で日々起こっているドタバタが詰まった、役に立たないけど読んでおもしろい雑誌が「ヨレヨレ」で、それをもとに出来上がったのがこの本『へろへろ』です。「よりあい」には、ぼけたお年寄りたちが「ヨレヨレ」しながらたくさんいて、働き者の職員たちは「ヨレヨレ」になりながら働いているから「ヨレヨレ」。タイトルからしてすでに、「真面目くさくておもしろくない！」介護の雑誌や本でないことが伝わってくるでしょう？　読んだ人の評判はすこぶるよく、いわた書店の年間最多売り上げ冊数を記録しました。

『へろへろ』は現代のスゴイ人たちの話ですが、時代を遡って、江戸時代に実在した人物をモデルにした時代小説もおもしろいです。飯嶋和一さんの『始祖鳥記』。異常気象、凶作、飢餓、疫病、と厄災ばかりに見舞われた江戸の天明期。そんな暗黒期に、大空を飛ぶことを夢見た〝鳥人〟と呼ばれた男がいたんです。飽くなき探究心と独創性を持った天才、レオナルド・ダ・ヴィンチのような男が。彼を見るために、下を向く人々は空を見上げた。著者の飯嶋さんは僕と同い年で、構想13年、執筆に2年の月日をかけたそう。作家が命を削って書いたこうした傑作も一度は読んでもらいたいですね。

慌ただしい日常から離れ、「自然の中で暮らしたい」ということで選んだのは、ジェイムズ・リーバンクスの『羊飼いの暮らし——イギリス湖水地方の四季』。ユネスコ世界遺産にも登録された自然が美しいイギリスの湖水地方。この地に代々600年以上根付く羊飼いの家系に生まれた著者が、祖父、父、息子へと続く家族の歴史と古い記憶を辿りながら、厳しくも豊かな農場での日々を綴っています。彼は羊飼いに軸足を置きながらも、途中オックスフォード大学で学び、都会での暮らしを経験。「人生で何かを成し遂げる」ことに価値が置かれる社会の中で、静かな情熱と強い意志を持って、四季が巡る山で羊を放牧する道を選びます。山での暮らしを外から見た憧憬だけではい厳しさもちろんあるけれど、あなたが望む暮らしがこの本の中にあるかもしれません。

同じような視点で選んだのが、作家・宮下奈都さんのエッセイ『神さまたちの遊ぶ庭』。宮下さんは夫と小学生の子ども3人と、福井から北海道の中央部のトムラウシ山に引っ越して〝山村留学〟をするんです。大雪山国立公園の中にある集落で、最寄りのスーパーまで37キロ、学校は小中学生合わせて15人。宿題もテストもないけど、行事は盛りだくさん。そんな山で暮らす宮下家5人の春夏秋冬、集落の人と関わった1年の記録が綴られています。

思い切って会社を辞めて、あるいはできるなら休職して、ひとまず1年限定でいいから、家族を連れて自分の好きな場所に移り住むのはどうだろう？　少し仕事のペースを落としたり離れたりすることで見えてくるものもあるかもしれません。地域と関わりのある田舎への移住や自然とともにある山暮らしをしてみたい人には参考になる本です。

こういったラインナップの中に、箸休めとして入れるのが森沢明夫さんの『大事なことほど小声でささやく』。同じスポーツジムで体を鍛える6人それぞれが主人公になっているオムニバス形式の物語です。みんな表面的には見えない、それぞれの苦悩や事情を抱えている。そんな彼らに、物語の中心人物である、夜はスナックを経営する巨漢の〝ゴンママ〟がカクテルと一緒にぽろりとあったかい言葉をくれるんです。「人生に大切なのはね、自分に何が起こったかじゃなくて、起こったことにたいして自分が何をするか、なのよ」といった具合に。楽な気持ちで読めるけど案外深い、ハートフルな小説です。

これに『カーテンコール!』を入れて、変化球として詩集『深呼吸の必要』を混ぜる。彼には、こういった10冊のラインナップでお届けしました。

遠く離れた家族を想うあなたへ
〈30代・女性・契約社員の方への選書〉

長引くコロナ禍、遠く離れた実家に帰って、家族や友だちとたわいもない時間を過ごしたい、という方も多くいます。当たり前にできていたことができなくなって窮屈さを感じながらも、自分にとって大切なものを見つめ直している方も少なくないのではないでしょうか。

たとえば、関東圏で契約社員として働き暮らす30代、独身の女性。北海道出身ですね。「一番したいこと」は、北海道に帰って、家族や地元の友だちとコロナ以前のような時間を過ごすこと。「何でもいいから書いてください」の欄には、10代の頃の夏、実家の庭の芝生で蟬《せみ》が動けなくなっていて、掬い上げて助けてあげたら、飛び立った数秒後にカラスに食べられてしまい、思わず父と顔を見合わせた、というほのぼのした思い出が書かれています。

そんな父との庭でのエピソードから浮かんだのが、はらだみずきさんの『やがて訪れる春のために』。実家で一人暮らしをしていた祖母のハルが転んで骨折して入院し、見舞いに行った孫の真芽は、ハルに頼まれてかつて自分も暮らしていた生家の庭の様子を見に行きます。そこにあったのは、咲いていた花々は枯れ、見る影もないほど荒れ果てた庭。会社を辞め、都会での暮らしにいきづまりを感じていた彼女は、祖母が帰宅したときのために、土を耕し花の種を植え、庭の手入れをするんです。認知症が進行するハルを心配する家族は、家を売り払ってハルを施設に入れようとします。「忘れることがそんなにわるいこと?」「忘れたくて忘れているわけじゃないのよ。私のことを勝手に決めないでほしい。ふつうにしてほしいだけなの」——。歳を重ねてきた僕は、ハルの言葉にはハッとさせられました。認知症という厳しい現実に向き合う、家族と庭の「再生」の物語です。

再生の物語として、いわた書店でよく紹介しているのが原田マハさんの『生きるぼくら』。高校時代のひどいいじめがきっかけで引きこもりになっていた24歳の麻生人生。ある日、頼りきっていた母が「疲れ果ててしまいました」と手紙を置いて失踪しちゃうんです。残されていたのは、5万円と母宛の10枚の年賀状。その中に彼は、両親が離婚した小学校6年生以来、会えなくなった父方の祖母からの年賀状を見つけて、長野県蓼科《たてしな》まで会いに行きます。蓼科で自給自足の一人暮らしをしていた祖母は認知症でね。そのままそこで祖母と父親の再婚相手の娘であるつぼみと3人で暮らし始め、米づくりをするんです。そして彼は、豊かな自然と澄み渡った空気、人の温もりに触れて、〝生きる〟感覚を取り戻していく。「生きてるんだ、という言葉が、どこからともなく聞こえてくる。生きるんだ、という思いが、心の底から湧いてくる」と――。あなたは、どんなときに〝生きている〟感覚を得られるでしょうか。

それから、朝井まかてさんの『銀の猫』。江戸の介護をテーマにした小説です。江戸には、身内に代わって年寄りの介抱を助ける奉公人＝「介抱人」がいた。主人公のお咲は、母親の借金を理由に嫁ぎ先から離縁されて、介抱人として一癖も二癖もある年寄りたちの命の瀬戸際に寄り添います。一方、ふたりで暮らす老いた母とは家族ゆえの確執を抱えてもいるんですね。「おっ母さん、お願いだからいなくなって。私の前から消えて」と思わずにはいられないほどに。江戸を舞台にした介護の問題も、母娘の関係性も、人生100年の現代を生きる私たちにも身につまされる話です。

家族といえば、岸田奈美さんの『家族だから愛したんじゃなくて、愛したのが家族だった』はスゴイです。車椅子ユーザーの母親、ダウン症で知的障がいのある弟、急逝した父親のことを綴ったエッセイなんですが、一読して彼女のファンになっちゃいました。
つらく厳しい状況下でも前を向いて明るく生きる、と口では簡単に言うことができても、心はなかなか追いつきません。僕も仕事が思うように進まないときなど、ネガティブなことばかり悶々と考えて眠れないことがあります。今日も1日、一度も声を出して笑わなかったことに気づいて、愕然としたこともあります。けっこう〝ちっちゃいヤツ〟なんです。でも、岸田さんは違います。〝おっきいヤツ〟です。彼女は悲劇が起きても、その嵐が過ぎ去るまでじっと耐え忍び、ついには明るく「忘れる才能」を身につけて、自分の人生の「主役」として舞い戻ってきたのです。なんとか彼女の明るさのかけらを我が物にしたいものだと読みふけり、笑って笑って泣きました。

益田ミリさんのエッセイ『永遠のおでかけ』もいいんですよ。叔父が亡くなった話から始まるんですけどね。日常の延長線上にある大切な人の死、そこからまた続いていく毎日。「悲しみには強弱があった。まるでピアノの調べのように、わたしの中で大きくなったり小さくなったり」――。その悲しみが静かに語られていくんです。いつまでも続くと思っていた当たり前の日常が送れなくなることを知った、コロナ禍を経験した私たちの心に響く言葉があるはずです。

あとは、先ほど出てきたがん告知を受けた写真家で猟師の幡野広志さんの『なんで僕に聞くんだろう。』も入れました。家族の悩み、恋の悩み、人生の悩み……いろんな事情を抱えた方が幡野さんに相談しているんですね。若い人たちには特に、こうした相談本なんかも、役に立つかもしれない。

彼女にはここに、先に紹介した『田村はまだか』、『カーテンコール！』、『へろへろ』、『歌集　滑走路』を加えた10冊をお届けしました。

このままでいいのか、人生の岐路・進路に悩むあなたへ

人生に悩んだときは、もしあと数年で死んでしまうとしたらどうする？　といった視点で、これからのことを考えてみるのがいいと思うんです。だから先に紹介した幡野さんに限らず、闘病や死がひとつの題材となっている本を選ぶことは自然と多くなっていきます。

藤岡陽子さんの『きのうのオレンジ』は、33歳という若さで胃がんを宣告された主人公・遼賀の物語です。彼は、弟と15歳のときに雪山で遭難していて、「死」に直面するのは二度目。彼の闘病を支える弟の恭平、母、同級生で看護師の矢田、職場のアルバイト高那。目立たないけど心根のやさしい彼を囲む人たちもまた温かい。近づいてくる死を前に、彼は何を想い、関わる人にどんな言葉を残すのか。自分は死に際に、なんと言えるだろう、と想いを巡らせずにはいられません。

金城一紀さんの『対話篇』は、愛する人の死を巡る中篇集です。幼い頃から親しい人が次々に非業の死を遂げ「死神」と呼ばれていた友人が「僕」に語るたった一度の恋の話を描いた「恋愛小説」。余命わずかな大学生が病室に突然現れた友人Kと復讐をする「永遠の円環」。脳に障がいを負った青年と年老いた弁護士が車での長旅で過去の記憶をたぐる「花」。人が人に語る、対話によってつむがれていく、切ない3篇の物語。「あした、死ぬとしたら、なにする?」――。人はいつか死んでしまう。僕くらいの年齢になると、つい最近まで元気だった人が突然亡くなる、という経験も少なくありません。明日会えると思っていた人に二度と会えなくなってしまうことがある。大切な人には会い続けていなければいけない。そう思います。

家族関係に悩むあなたへ

人は、どうしても過去を振り返り、あのときこうしておけばよかったと思ってしまう生き物です。そして、「あれもしなきゃ、これもしなきゃ」と時間に追われながら、つい生き急いでしまいます。

柳美里さんの『人生にはやらなくていいことがある』。この題名は心に刺さりました。歳をとる中で、何かしらの成果が見えてくることもありますが、できないこと、あきらめなければいけないことが見えてくることもあります。

父が母を殴る家庭で育ち、高校を中退し、ミュージカル劇団「東京キッドブラザース」を主宰していた東由多加との出会いから小説を書き始め、デビュー作で出版差し止めの訴訟を起こされた、彼女の凄絶な半生。その半生を振り返って、後悔とは何か、お金、家族、死、について思うことが綴られています。多くの挫折を経験し多くを断念してきた。「何に向いているのか」ではなく「何に向いていないのか」を羅針盤に、「書くこと」だけを拠りどころにしてきたという柳さんの言葉は示唆に富みます。

「子どもは、親に期待され、成果を出せば褒められ、失敗すれば叱られる。そういう子どもの魂は、大人になってからも小さく縮こまってしまいます」。「自分を責めることは得意だけれど、自分を大事にすることは、その方法がわからない」。

あなたが自分を好きになれないのは、親に願望を押し付けられて、自分の願望を見失っているからかもしれません。親は子どもに期待しすぎてはいけません。


自分を大事にする、その方法。まずは、自分の好きなもの、願望を知ることから始めてみてはいかがでしょうか。

谷川俊太郎さんが企画した『すき好きノート』という、好きなものを描いて書いてつくるノートのような本がありましてね。右から本を開くと親が「好き」を、左から本を開くと子どもが「すき」を書けるようなかたちになっているんです。右からページを開くとたとえば「一番好きな言葉は何ですか?」「一番好きな人は誰ですか」と質問が書いてある。つまりこれは、自分で質問に答えるようにして、好きなものや嫌いなもの、したいことやしたくないことを書いていって、自分を見つめ直す作業ができる本です。実は一万円選書の「選書カルテ」もこの本からアイデアを得ました。

選書カルテに本気で向き合っている方は、これまでの人生を振り返ることで、過去を捉え直し、これからの人生で自分が大事にしたいものを見つけ出しているように感じます。書き出すということには、それだけの力があるのでしょう。

あとね、ぜひ読んでもらいたいのが加瀬健太郎さんの『お父さん、だいじょうぶ？日記』と、『お父さん、まだだいじょうぶ？日記』。写真家の加瀬さんが、妻と３人の息子との日常を写真と言葉で切り取った家族の日記です。加瀬さんはフリーランスの写真家で、１週間、２週間、３週間、１ヶ月仕事がないこともあって、ちょっと頼りないんだけどひょうきん者。長男いわく、「ぐーたらで、けちで、自分かって」。「ぜんぜんだめなところもあるけど大好きです」。そんなお父さんが捉える家族の日常はなんだかとても、おかしくって、いとおしくってね。声を出して笑ってほろりときちゃう。続編のほうでは、３人の子どもたちも成長して、さらに四男が生まれています。肩の力が抜けて、「大丈夫、大丈夫」って思えますよ。

人と人の距離感について考えるあなたへ

選書カルテには、家族の悩みが綴られる一方で、ひとりで生きていくことへの不安が書かれることもよくあります。パートナーと離婚をしたり、死別をしたり、結婚をしたいけどいい相手がいなかったり。結婚はしないつもりだけど、寂しい日もあるし将来が心配だ、という方も。結婚したって家族は不変なものではないし、孤独が埋まるとは限らない。それでも人とのつながりや温もりは必要ですよね。いまの時代は、必ずしも結婚という制度や血のつながりに縛られなくても、それ以外のかたちで「家族、のようなもの」があればいいのかもしれません。結婚しない＝ひとりで生きていく、と決め込まなくてもいいのではないでしょうか。

家族でも親戚でもないイイ関係が描かれていると言えば、矢部太郎さんの『大家さんと僕』。僕の妻も「笑えて、しんみりして、ちょっと泣けた」と言っていました。ベストセラーとなって話題になったので、読まれた方もいるかもしれません。今日という日が、かけがえのない1日で、人生がいとおしくなる。家族でもそうじゃなくても、時間を共有することで、そんなふうに思える人がいたら、すてきです。

この本と同じ空気感なのが、黒野伸一さんの『万寿子さんの庭』。庭のある一軒家で一人暮らしをする偏屈なおばあさん、杉田万寿子。彼女は隣のアパートに引っ越してきた20歳の竹本京子にいたずらをするんです。「ブス」だ「ばばあ」だと言い合って、おかしなやりとりを続けているうちに、この半世紀ほど年の差があるふたりの間に友情が芽生えていくんですね。物語の終わり、いたずらっ子の万寿子さんが手紙に残した「あなたがお隣に引っ越してきてから、わたしの人生はまた乙女時代に戻ったかのような活況を取り戻しました」という言葉。ここに辿り着いたとき、あなたは何を思うでしょうか。

ちょっと毛色は違いますが、三浦しをんさんの『木暮荘物語』も血縁関係にない、隣人同士のゆるやかなつながりが描かれた物語です。小田急線の世田谷代田駅から徒歩5分、築ウン十年木造2階建てのおんぼろアパート、木暮荘。ここに住む4人の住人は、それぞれ恋愛や性や癖の悩みを抱えています。死ぬ前にもう一度セックスがしたい70歳を超えた老大家の木暮、その隣に複数の男が出入りする女子大生の光子、その上には部屋の穴から光子を覗き見するサラリーマンの神崎、同じ2階には3年前に行方をくらませた恋人といまの恋人と共同生活する羽目になる花屋の店員の繭。彼らもその周辺の人たちも、過剰だったり欠落していたり、社会の網目からこぼれ落ちてしまいそうな危なっかしさがあり、不器用ながら、それぞれが人の肌の温もりや他人との関わりを求めているのです。

井上荒野さんの『キャベツ炒めに捧ぐ』は、渋谷に近い私鉄沿線の商店街にある惣菜屋「ここ家」を舞台にした物語です。60歳を過ぎたオーナーの江子と、11年前の開店時から勤めている従業員の麻津子と、最近一緒に働き始めた郁子。それなりに歳を重ねてきた彼女たちは、「人生がままならない」ことをよく知っている。だから、お互いの事情を詮索しないし、必要以上に立ち入らない。一緒にとびきり美味しい惣菜をこしらえて働き、「きゃはははは」と笑って暮らしている。季節の食べものに染み付いた苦い記憶や切ない想いを思い出しながら。

つかず離れず、お互いの過去や事情をよく知らない、ただ同じ街の、同じ建物で暮らす、あるいは同じ店で働き一緒に飲み食いするような、名前のつかない、ゆるやかな関係性。家族や恋人のように親密な関係性でなくても、そうでないからこそ、他人同士のつながりが案外心地よく、互いを支え合っている、なんてこともあるでしょう。

心が疲れる環境にいるあなたへ

日本は災害の多い国です。一万円選書には、地震や台風・洪水などで被災された方からの応募も少なくありません。何年もの月日が経っても、見えない心の傷が癒えず、いつどこで起きるかわからない災害に脅かされている方がいるのです。毎年のように、どこかで誰かが災害を経験している。新型コロナウイルス感染症も、日本中、いや世界中、誰もが経験したことのない災害です。最近は一万円選書でも、医療従事者の方からの応募が多いです。

つい先日も、一万円選書に応募してくれたある看護師さんとメールでのやりとりをして、頭が下がりました。コロナ陽性患者に対応し、長く続く激務。追い討ちをかけるように、院内でクラスターが発生してしまった。差し入れがあったお弁当を食べていたら、涙が止まらなかった、と言うのです。

この災禍はすべての人に襲いかかってきます。言うなれば、我々は被災地にいるようなもの。医療従事者でなくても、感染していなくても、長く強いられる自粛生活に知らず知らずのうちに心が疲れている人も少なくないはずです。

そんな状況下で、僕が熱心におすすめしているのが安克昌先生の『心の傷を癒すということ』です。阪神・淡路大震災で自らも被災し、震災直後とその後の「心のケア」に奔走した精神科医、安先生が残した実録。災害がいかにして人々の心に傷を残すか。心の傷とは？　心のケアとは？　ご自身に向き合いながら、困難の中、人々の心の傷に寄り添い続けた安先生は、コロナ禍にある私たちに大事なことを教えてくれます。

医療従事者をはじめ災害の現場で職務に従事する方々は、目の前にある課題に向かってとにかく必死に一生懸命やっているときは気づかないけれど、落ち着いた頃に一気にがくっと精神的なダメージを受けることがあるようなんです。現場で直接関わりがない人も、みんなが大変な状況に置かれているからこそ、「あの人のほうがつらいから、これくらいの私は大丈夫」と自分の心の傷には気づかず、がんばることを自分に強いてしまっているかもしれません。でもこの本を読むと、長引くコロナ禍での暮らしが、感染していない人にも精神的なダメージを残していることに気づかされます。

僕も「一万円選書を待っている人がいるから」と営業時間外にもお店に行ってひとり黙々と作業に打ち込んでいました。でも、追い詰めるようにして一生懸命やりすぎるのもよくないようです。無理をしてでもちゃんと休むことが大事。みなさんも、ちゃんと休んでくださいね。

隣に立って「存在すること」や「話をただ聞くこと」で傷を癒し、助け合うのも人間。遠くから自らの主張を正当化するように、声高に糾弾し、傷つけ合うのも人間。災害もコワイですが、想像力を持たずに自分の価値基準を押し付けて傷つけてくる「人間」もコワイです。そんなときは、ヨシタケシンスケさんの『にげてさがして』。やばい！ひとからにげるために、すき！なひとをさがすために、きみのあしはついている。そう言ってくれます。傷つけられるような場所からは逃げていいし、そこから安心できる場所を探せばいい。ほかの誰でもない、あなたの人生のために。そしてあなたの大切な人のために。最近、イチオシの絵本です。

ビジネスパーソンにこそ絵本を。孤独や焦りを抱えているあなたへ

絵本を紹介しましたが、児童書は得意分野ではないんです。一万円選書のご応募を高校生以上に限定させてもらっているのは、それが理由です。子ども向けの本のセレクトは、得意とする本屋さんにお任せすることにしているんですね。ただ、ヨシタケさんのように、大人が読んでも響く絵本を選書に混ぜることはあります。

作家の道尾秀介さんが17歳のときに描いたストーリーに、映像作家の半崎信朗さんが絵を添えた『緑色のうさぎの話』。白いうさぎの中に、一匹だけ緑色のうさぎがいた。存在するのにつながっていない孤独と、つながっているのに存在しない孤独。ほかと違ううさぎが抱くふたつの孤独が描かれています。

それから益田ミリさんの『はやくはやくっていわないで』。それぞれにペースがあるんだから、人生ゆっくり進んでもいいんだよっていうメッセージが伝わってくる絵本です。

選書カルテに、子どもが5、6歳になってくると言うことを聞かなくなってきてイ

ライラしてしまう、と書かれた方がいましてね。そう書いたご本人であるお母さんに向けて選んだんですが、この本を読んで夫が泣いた、と言うんです。IT関連の会社で働いている彼は、毎日仕事で「はやくはやく」って言われることにストレスを感じていたようで、そのイライラが家族にも伝染していたことに気づいた、と。お母さんから、子どもに「ゆっくりおやりなさい。待っているから」って伝えてもらいたいなと思っていたら、夫にそのメッセージが伝わった。こんなこともあるんだなあって、僕も気づかされました。以来、急かされて焦りや窮屈さを感じている大人にもこの絵本を送っています。

SNSや職場、学校で……人と比べて嘆《なげ》くあなたへ

メディアやSNSでは、何かを成し遂げた人や自分が手にしていないものを持っている（ように見える）人が目立って見えるのではないでしょうか。そうした情報を浴びすぎてしまうと、人とばかり比べて、嫉妬や承認欲求が肥大化してしまうかもしれません。イライラしたり、不安になったり、羨んだり。そんなときはぜひ、本を手に取ってもらいたいものです。本の中には、何者でもない市井の人たちが、悩みながら

ささやかな日常を生きています。

吉田修一さんが描いた『横道世之介』もそんなひとり。1987年に長崎から上京した大学生、横道世之介。呑気で押しに弱い、お人好しな世之介は、18歳から19歳にまたがる1年でさまざまな人たちに出会っていきます。「何者」でもないけれど、ふんわり吹く風のように、一時期でも関わりを持った人たちに残るあったかい彼の記憶。こんなふうに生きられたら、それで十分なのかもしれません。続く『続 横道世之介』は、それから6年後の話。いわた書店では、息子を持つ親御さんを中心に、女性におすすめすることが多いです。

木内昇さんが書き上げた『茗荷谷の猫』は、幕末から昭和初期までの東京・茗荷谷周辺で生きた名もなき人たちに起こる些細な出来事を掬い上げた連作小説です。染井吉野を造った植木職人をはじめ、その名を残さなくても、成し遂げなくても、何かに打ち込んだ痕跡が時代を超えて日常の些事としてさりげなく現れてくる。自分ではどうにもならない、時代や運命に翻弄されながらも懸命に生きた無名の人たちの微かな痕跡は、私たちの日常がいかにかけがえのないものであるかを教えてくれます。たとえば上野・池之端を舞台にした「てのひら」は、上京してきた母親と東京見物に連れ出す娘の一瞬を切り取った話。都会の喧騒の中で互いを思いやりながらも微妙にすれ違う親子の気持ち。忍び寄る老いの影。日常の何気ない一瞬は、もう二度と戻らない、もしかしたら人生で最も幸せな時間であったかもしれない。そう思わずにはいられません。ゆっくりと静かにページをめくってみてはいかがでしょうか。

なんでもない日常の切なさといとおしさを描く名手といえば、木皿泉こと和泉務と鹿年季子の夫婦脚本家。初めて書いた小説『昨夜のカレー、明日のパン』は、いまもあったかい光を放っています。タイトルの言葉のように、どうってことない日常の風景がとてつもなく切なくていとおしい瞬間に思えて、心がぎゅっと抱きしめられる。いつもの茶碗で朝食を食べる、暮らしをともにする人がいること。自分を心配してくれる人がいること。そういう人たちの顔が浮かび、「くたくたになるまで生きていこう」って思える。読み終えたあとは、ちょっとだけ家族に、自分に、やさしくなれるかもしれません。何気ない日常の連続が実に「奇跡の時間」そのものであったことに気づかされるのです。

人と比べては「ない」ものに目を向けてイライラして、自分にとって大事なものを考える余裕のない人にこそ、こうしたゆっくり時間が流れる本を手に取ってみてほしいのです。

だから本の世界はおもしろい

本で他者の考えや思いに触れることができる

情報も娯楽もあふれる時代に、どうして本を読むのでしょうか。本がおもしろい！と思う僕なりの理由をお伝えしながら、引き続き、おすすめしていきます。

本の世界がおもしろいのは、読めば読むほど自分は何も知らなかった！　ということに気づかされることです。僕は69年生きてきてこれまで1万冊くらいの本を読んできたけれど、それでもまだまだ知らないことがあって、読むたびに驚かされます。

たとえば最相葉月さんが質問をぶつけて、産婦人科医歴40年、胎児の研究をしてきた増﨑英明先生に学ぶ対談本『胎児のはなし』。誰もが経験しているのに、よく知らない赤ちゃんになる前の話です。僕は赤ちゃんがどうして溺れないかも知らなかったのに、父親のDNAが胎児を通じて母親に入っているっていうんですから、もうびっくり。最新のDNA解析によって、少しだけ明らかになってきた「胎児の世界」。知らなかったことばかりです。

先人の知恵や最先端の研究にへぇ！　と唸らされることもありますが、現代を必死に生きる若い世代に教えられることだってあります。

ブレイディみかこさんの『ぼくはイエローでホワイトで、ちょっとブルー』の舞台は、民主主義の先進国とも言うべき英国。〝ゆりかごから墓場まで〟と習ったのは遠い昔の話で、いまはとても殺伐としているようです。そんな英国の荒れた地域、人種も貧富もごちゃ混ぜの元底辺中学校に通い出した、ブレイディさんの息子とその友人たちの1年半の記録。学校は社会をそのまま反映しています。

古めかしい差別的な発言を繰り返すことで、〝いじめていい対象〟となった移民の美少年ダニエル。差別的な発言を直接ぶつけられたことで喧嘩をしたことのあるブレイディさんの息子は、ダニエルの数少ない友だちとして学校に通い続けます。そして、ぽつりと言うのです。「僕は、人間は人をいじめるのが好きなんじゃないと思う。……罰するのが好きなんだ」。こんなことを言うスゴイ中学生がいるんです。脱帽するしかありません。この本が気に入った方は続編と、『他者の靴を履く　アナーキック・エンパシーのすすめ』もぜひ。

TBSテレビ報道局『生きろ』取材班が書き下ろした『10万人を超す命を救った沖縄県知事・島田叡』も、こんな人物がいたなんて知らなかった！　と唸らされた1冊です。沖縄戦の真っ只中に赴任し、戦中最後、たった5ヶ月間の知事だったにもかかわらず、県民に「神」と慕われた民主的でフェアな男がいたことを、ご存知でしょうか。島田は、お国のために死ぬことがよしとされた玉砕一色の時代に、「命どぅ宝、命こそ宝」「生きろ！」と号令し、住人たちを逃し続けたのです。そして「私だけ生き残ってごめんなさい」と悔やむ住民に「一番大切な、自分の命を守ることに、力を尽くして下さい」と声をかけたのです。大義名分によって、小さな命や人権が軽視されるような危ない方向へ進んでしまいそうなときこそ、少数派の正しさを見つけ出す力が、リーダーには求められているのだと思います。

オシム監督の生き方から欧州の歴史を知ることができる

本はひとつの事柄を切り口に、その世界を深めていくことができる手段でもあります。たとえば、サッカーが好きな人であれば、元日本代表監督で旧ユーゴスラビア代表の最後の監督でもある、イビチャ・オシムの著書や彼について書かれた本を数冊読み込んでみてください。彼は哲学的な思考で、サッカーを通じて平和について本気で考えている人です。僕のおすすめは、東欧やアジアの民族問題を取材し、長年オシムを追ってきたノンフィクションライターの木村元彦さんが書いた『オシム 終わりなき闘い』。ユーゴスラビア紛争の終結から20年が経ついまも、オシムの祖国であるボスニア・ヘルツェゴビナでは民族対立が続いています。オシムは病に倒れたあとも、出場が危ぶまれる祖国のW杯出場と融和のために闘い続けていたのです。

オシムとその家族、選手たちが経験した凄惨なユーゴ紛争と、その後も続く難民問題や民族対立。複雑に絡み合う利権や人々の感情。遠い国で起きていることは決して他人事ではありません。サッカーを通して民族の壁を越えようと尽力するオシムの姿勢、その偉業には気づかされることも多いはずです。

木村さんが綿密な取材から得た証言をもとに記したユーゴスラビアのサッカー三部作『誇り ドラガン・ストイコビッチの軌跡』、『新版 悪者見参 ユーゴスラビアサッカー戦記』、『オシムの言葉 フィールドの向こうに人生が見える』に続く本書。合わせて読んでみるとさらに、理解が深まるでしょう。

こうしてサッカーを切り口に、東欧の歴史といまを学ぶことができる。バックグラウンドを知ることで、より深い理解を持って、多面的に世界を捉えるようになることこそ、読書の醍醐味だと思うのです。

落語、美術から未来予測まで。「役に立つ」だけじゃない

普段ビジネス書を中心に読んでいるという方は、役に立つかどうかで本を選んでい

て、どうしても答えを急ぎすぎてしまうのかもしれません。選書をしたあと、本を読まれる前に、どうしてこの本を選んだのですか、この本のメッセージは何ですか、とメールをいただくことが結構あるんです。でも僕は、実際に本を読んだあなたにそのメッセージを感じ取ってほしいし、自分の中の答えを見つけてほしいんです。

以前、NHK「プロフェッショナル　仕事の流儀」の取材で、乃木坂46に所属している高山一実さんがいわた書店に来てくれたんです。選書カルテには、アイドルとして仕事をする中で、大人数に向けてしゃべるのが苦手だ、という悩みが書かれていました。そんな彼女に僕が選んだのが佐藤多佳子さんの『しゃべれどもしゃべれども』です。高山さんは「上手く話せるようになる術が書かれている本かと思って読み始めたら全然違った」と言っていましたが、この本は、苦手を克服するための〝役に立つ〟本ではありません。うだつの上がらない落語家と、しゃべることになんらかの悩みを持つ男女4人の、自信を失った人間たちの物語。高山さんは読み終えて「悩んでもいいと思えた」と、自分なりの答えを見つけたようです。すぐに役立つノウハウや情報でなくても、じんわりと深く心に残るアドバイスのようなメッセージに出会えることもあるんです。

それに、本はたとえ役に立たなくても、学びがなくても、おもしろかった！　と高揚できたらそれで十分だと思うんです。エンターテインメントとして。

ビジネス書をよく読まれているビジネスパーソン、特に中年男性によくすすめているのが、ダニエル・フリードマンの『もう年はとれない』です。このハードボイルドミステリーの主人公は、元殺人課名刑事、87歳のバック・シャッツ。超後期高齢者の正常な脳の働きとアルツハイマーの違いがわからず、記憶力の低下に怯えながら、「忘れたくないこと」をメモする。その一方で、ヘビースモーカーで皮肉屋である彼は、重たい357マグナム銃を武器に、金塊を狙う有象無象、殺人犯を追っていくんです。人生100年時代のニューヒーローの活躍をご覧あれ！

シャッツが歳を重ねたシリーズが計4冊出ているんですが、現在そのうち3冊が日本語に翻訳されていて、88歳の『もう過去はいらない』、89歳の『もう耳は貸さない』と続きます。3冊目なんて車椅子に乗っていますから、この先どうやって悪党と闘っていくのか、90歳のシャッツはどうなっているのか。4冊目の翻訳が待ち遠しいです。

若い男性にってことであればイチオシは、藤井太洋さんの『ワン・モア・ヌーク』ですね。藤井さんはいま、日本で一番おもしろいSF作家だと僕は思っています。彼は作家になる前、舞台美術に関わり、その後ソフトウェアの会社に勤務していたんです。東日本大震災を契機に小説を書き始め、Ｋｉｎｄｌｅで発表したところ瞬く間に人気になった。近未来小説でありながら『ワン・モア・ヌーク』の舞台は、東京オリンピック開催直前の日本。原爆テロの予告動画が届いた、２０２0年3月の5日間のサスペンスです。リアリティのある設定と、舞台芸術とテクノロジーへの造詣に裏打ちされた描写に、ページをめくる手が止まらなくなります。藤井さんのＳＦの世界の虜になった人は、スペース・テロとの闘いを描いた長編『オービタル・クラウド』も手に取ってみてください。

原田マハさんの初期の作品、『楽園のカンヴァス』もおもしろいですよ。美術史に基づいたミステリー。と言っても、殺人事件が起きるわけではありません。パブロ・

ピカソとアンリ・ルソー。同時代を生き、美術史に残るふたりの画家の作品に隠された秘密を暴いていく物語です。原田さんは、小説家になる前、森美術館に勤めニューヨーク近代美術館（MoMA）にも研修に行っていたこともあり、美術への造詣が深い。実際にある国内外の美術館や作品が登場するこの物語は、アートの魅力を存分に伝えてくれています。読み終えたときには、きっと登場する作品を自分の目で観たくなりますから。美術に知識や興味がない方でも、新しい好奇心の扉が開き、エンターテインメントとして楽しめる作品です。

あなたの居場所になってくれる

『楽園のカンヴァス』の主人公・早川織絵は、幼い頃からアートに親しみ、「アートが友だち」だったけれど、本も同じような存在であってくれると、僕は思います。僕自身、幾度となく、本に励まされ支えられ教えられてきました。

自分の拠りどころとなる存在は必ずしも「人間」とは限りません。アメリカのアイオワ州の農耕地帯にある町、スペンサーで図書館の館長を務めたヴィッキー・マイロンが綴った『図書館ねこデューイ　町を幸せにしたトラねこの物語』。凍えるような寒い日に、図書館の返却ボックスに捨てられていたトラねこを巡る実話です。館長ヴィッキーに助けられ、図書館に住むようになったかわいらしいデューイはたちまち人気者となり、やがてヴィッキー家をはじめ町の人々の心の拠りどころとなっていくのです。シングルマザーとして娘を育て、乳がんの闘病も経験した作者は最後にこう語っています。

「わたしたちは誰もがときどきトラクターの刃を通過している。誰もがあざをこしらえ、切り傷もできる」。「いちばん大切なのは、あなたを抱きあげ、きつく抱きしめ、大丈夫だといってくれる人がいることなのだ」――。

彼女にとってそれはねこのデューイだった。同時に、彼女も町の人々も、そういう存在がいると思えるような図書館に、自分の居場所を見出していたのです。この本では、ねこの姿を借りて、図書館が人々をいかに励まし、なくてはならない存在であるかが実によく描かれています。つまり、この言葉はそのまま、図書館、そして本にも当てはまると僕は思うのです。本は、悲しみに暮れるときや傷ついた日に「大丈夫だ」と言ってくれる存在である、と。

僕は、本をどう読むか

まだまだここに書ききれないほど、おもしろい本はたくさんあります。僕はそうした本の中に作家が残した言葉を思い返し、選書カルテを書いてくれたあの人に届いたらいいなと思いながら、日々選書をしているのです。

一万円選書で本が届いたら、あるいはここで紹介した本を買っていただいたら、すぐに読まなくても、自分が読みたいなと思ったタイミングで読めばいいと思うんです。とりあえず詩集を枕元に置いておくとか、ゆっくり1年後でも気分が向いたときにページを開いてみてもいい。人それぞれ、その本を読むべきタイミングがありますから。読まなきゃと気負わずに、本を読むこと自体をただ楽しんでほしいと思います。

ただ本には、実際に自分で読んでみないと味わえない体験があります。僕もこうして、簡単なあらすじや印象的な言葉を引用して本を紹介していますけれど、ここに書いてあることは本当にさわりの部分でしかないし、自分で読んでみたらまた違った印象を持つでしょう。その人が歩んできた人生によって、読むタイミングによっても、響く言葉も印象もまったく異なるものになると思います。レビューを見てわかった気になっている人もいるようですが、本の中には、簡単に説明できない複雑な物語、要約できない気持ちなんかが書かれている。実際に読んではじめて動かされる感情があるはず。そういうものが「生の読書体験」なんです。

若松英輔さんの『悲しみの秘義』の中にこんな一節があります。

「読むことは、書くことに勝るとも劣らない創造的な営みである。作品を書くのは書き手の手段だが、完成へと近付けるのは読者の役目である」。

「言葉は、書かれただけでは未完成で、読まれることによって結実する」――。

作者が書いた本は、読者に読まれてはじめて「本」になり「言葉」になる。作者と読者をつなぐために僕は本屋をやっているし、この本の中でもこうして本を紹介しています。

タイミングは問わないけれど、気になった本があれば、ぜひ買って読んでみてください。あなたが読んではじめて、その本は本当の意味で「本」になるのです。

読者との書簡

「コミュニケーション選書」と言われることもある「一万円選書」。

ここでは、お客さんからの許可をいただき、そのやりとりを掲載します。

一万円選書のお申し込み受付

一万円選書のお申し込みありがとうございます。
下記の内容で受け付けました。

■2020一万円選書受付
■お名前　宮田 莉花
■メールアドレス　○○○○○○○○○
■住所　○○○○○○○○○
■電話番号　○○○○○○○○○○○

【今後の流れ】


応募してくださったみなさま全員を対象として月に一度抽選を行います。

お選びした方には、メールでご連絡差し上げます。

毎回の当選メール発送完了時、最終抽選終了時、そのほか重要なお知らせ等はSNS、ホームページにて、お知らせいたします。

https://iwatasyoten.webnode.jp/

一万円選書 当選のご案内

宮田 莉花さま

こんにちは、いわた書店です。

この度は「一万円選書」に、お申し込みいただき、誠にありがとうございます。

抽選の結果（2020年受付、2021年4月分）お客さまのお申し込みをお受けできることとなりました。

以降は下記のような流れで進めてまいりますので、よろしくお願いいたします。

❶本メールに添付いたしました一万円選書カルテに、なるべく詳しく（ここが重要です）記入していただき、返送してください。メール添付が難しい、手書きにされたい方につきましては、ボールペンやサインペンではっきりご記入いただき、郵送でも構いません。また、FAXでは文字が粗くなるため対応しておりません。

❷お客さまの順番になりましたら、選書に取り掛かり、見積もり金額等をお知らせいたします。

❸お客さまに②の見積もり金額等を確認していただき、了承後、入金手続きをお願いいいたします。

❹入金確認後、発送いたします。

なお、カルテを返送していただいた順に、選書してまいりますので、早く返送していただけますと、その分早く取り掛かることができます。

できるだけお客さまをお待たせせずに本をお届けするため、4月12日までに、カルテの返送をお願いいたします。

期間内の返送が難しい場合などはお早めにご連絡くださいませ。

そのほか、何かご質問などございましたらお問い合わせください。

いわた書店　岩田　徹

いわた書店
岩田さま

はじめまして。
この度は一万円選書のご案内をいただき、ありがとうございました。
ご返信が遅くなり失礼いたしました。
多くの方が応募されている中で、選んでいただき、大変嬉しいです。
本当にありがとうございます。
カルテの件、拝承いたしました。
期日までに送付いたします。
不明点などあれば別途お伺いいたします。

どうぞよろしくお願いいたします。

宮田莉花

いわた書店
岩田さま

こんにちは。

期日の直前のご連絡で大変恐れ入りますが、選書カルテの提出を16日（金）とさせていただけませんでしょうか。

思っていたよりもたくさん、カルテに書きたい（いわたさまの選書の参考にしていただきたい）ことが多くあり、現状、半分ほどまでしか書けておりません。

スケジュールが後ろ倒しになってしまいますし、いわたさまにもご迷惑をおかけすることになり、大変申し訳ございませんが、何卒、お時間頂戴いたしたく存じます。

どうぞよろしくお願いいたします。

宮田 莉花

宮田 莉花さま

こんにちは、いわた書店です。
お忙しい中ご連絡ありがとうございました。
カルテは期限を過ぎてもいつでも受付していますので、急がず、記入が終わりましたらご返送ください。

どうぞよろしくお願いいたします。

いわた書店 岩田

「選書カルテ」を送ります

いわた書店
岩田さま

こんにちは。
カルテを書き終えましたのでお送りいたします。
添付いたします。

宮田莉花

「選書リスト」のご送付

宮田 莉花さま

改めて一万円選書のご注文ありがとうございます。そして3000通の応募の中からの当選、おめでとうございます。

僕はただの本屋のおやじでしかありません。できることは、お客さまの話を聞いて、参考になりそうな本を紹介してあげることくらいです。

この一万円選書をやってきてわかったことがあります。お客さま自身が、ご自分のこれまでを振り返ることにより、自分の人生というものを、立ち止まって考えてみるいい機会にされているということです。

いまのうちに誰か、会っておくべき人がいるのでは、大切な人に大事な話をしておくべきではなかろうかと（自然と）考えられるようです。

そんなふうに、少し落ち着いて、違った切り口、別の視点を探り始めた人に、僕は参考になりそうな本を提示するだけです。答えはお客さまご自身がすでに見つけられているようです。

選書カルテにじっくりと書き込むという作業自体が、良い結果を招いているようなのです。実にこの「一万円選書」は、お客さまご自身の「内側の力」によって成り立っているのです。

僕が高校生のとき、キング牧師が暗殺されます。この時代、同世代のアメリカ人は徴兵されてベトナムにナパーム弾を投下していました。真に目標とすべき国など見当たらない世界で、若者たちは「異議申し立て」を続けていました。

僕もどうして生きていったらよいかわからずにもがき苦しんだのです。あれから半世紀、世界は少しでも良くなったのだろうか？　と考えてしまいます。心がけたのは、自分が何者なのかではなく、何者でないか。急がないこと。手を使って仕事すること。

そして日々の楽しみを、一本の自分の木と共にすること。これは……ある詩人の受け売りです。

僕は今年、69歳になりました。（本当に信じられません⁉）この歳になって、「やりたかった本屋」に少しずつですが、やっと近づけた気がしています。数年前には、店をたたもうかと考えていたのが、ですよ。人生は何が起きるかわかりません。無駄な経験なんてひとつもないのです。まだまだこれから、勝負の行方は最終回、アディショナルタイムの攻防にかかっています。これからが本当に生きたい人生を生きられるという気がしてきました。

さて、選書を完了しました。今回は下記の本を提案させていただきました。

『エンド・オブ・ライフ』
『滅びの前のシャングリラ』
『人生にはやらなくていいことがある』

『書店主フィクリーのものがたり』

『悲しみの秘義』

『チャリング・クロス街84番地』

『カーテンコール！』

『茗荷谷の猫』

『心の傷を癒すということ』

『さざなみのよる』

『永遠のおでかけ』


送料共合計で１１９０４円になりました。問題がなければ下記へご送金ください。

確認後発送いたします。もし既読のものがありましたら、差し替えしますのでお知らせください。

あなたさまの、これからの人生がかけがえのない日々となりますよう、お祈り申し上げます。この度は本当にありがとうございました。

感想とお礼と

いわた書店　岩田　徹

いわた書店
岩田さま

こんにちは。
今年5月に、一万円選書をお送りいただきました、宮田 莉花です。
お選びいただいたすべての本（下記）を読み終えました。
『人生にはやらなくていいことがある』

『茗荷谷の猫』
『カーテンコール！』
『心の傷を癒すということ』
『悲しみの秘義』
『チャリング・クロス街84番地』
『さざなみのよる』
『書店主フィクリーのものがたり』
『永遠のおでかけ』
『エンド・オブ・ライフ』
『滅びの前のシャングリラ』

読み終えたいまだから、いわたさまに、ぜひ、教えていただきたいことがございます。どうして、これらの本を、わたしにと、お考えになったのでしょうか。
肯定否定ということではなく、いわたさまが、私のカルテをお読みになり、何を思い、どんな理由（意図）をもって、選んでくださったのか、知りたいのです。

すべての本について感想をお伝えすることもできますが、あまりに長くなってしまいますのでそれは控えますけれど、これらの本と、そこから得た経験は全体として、わたしの涙になりました。


主に通勤時間と仕事の休憩時間で読みました。

いつも目がうるうるしていました。

職場や電車内でおかしな人と思われないようにするのが大変でした（笑）。

こういうとき、マスクは便利ですね。


11冊の本をとおして頻繁に頭の中に出てきたのは、父です。

カルテでお話しした、がんの父です。

そして、死（生き方）というものについての、自分の考えと、過去の、辛かったときではなく、いつでも帰ることのできる家族の存在と、仲間とすごしたキラキラした想い出たちです。なにより、「色々あるけれど、わたしは、（みんながいて/みんなといて）しあわせだなぁ」って。

このメールをしたためているそばから、不思議と涙があふれてきます。

何に泣けてくるのか、よくわかりません。

ただ、「悲しい」よりも「愛（かな）しい」「美（かな）しい」という気持ちが、これらの本を通じて、心を潤してくれたように感じています。

私の感想をあまりお伝えして、いわたさまの選書の理由をお聞きするのにわずかでも支障（影響？）が出てしまうことは本意ではないので、ここまでに。

1冊ずつでなくても、かまいません。ほかに選書をお待ちの方がたくさんいらっしゃると思いますので、すぐでなくてかまいません。

わたしのこれからのために、ぜひ教えてください。いわたさまが、私をカルテからどんな人物だと感じ、これらの本を選んでくださったのか。

本を読んで、自分なりにさまざまなことを受け取ったうえで、いわたさまがこれらの本に込めたメッセージをお伺いしたいのです。

お手数をおかけしますが、何卒、よろしくお願いいたします。

宮田 莉花

宮田 莉花さま

メールありがとうございます。

選書を喜んでいただいたようで、僕も嬉しいです。

お一人おひとりに選書するにあたっては、まず頭の中を空っぽにして選書カルテを読み込みます。当たり障りのない文章もありますが、お気持ちのこもった文章には心が動かされます。そのときは、いつのまにか離れて暮らす娘から来た手紙を読むような気持ちになっています。

そうして、本屋のおやじとして「どんな本を読んでもらいたいか？」と考えながら選書しています。一冊一冊について理詰めで選ぶというよりは、全体の大まかなイメージです。

選書に取り掛かっているときは「軽いトランス状態」になっているのかもしれません。1冊ずつに効能があるというよりは、何冊か読んでいただいたあとに「合わせ技一本！」とれるかな？　という気分で選んでいます。そういう意味では、今回のあなたの読み方は素晴らしい。僕の意図をまっすぐに受け止めていただけたと思います。本屋冥利に尽きるとはこのことで、全く感謝しかありません。本当にありがとうございました。

いわた書店　岩田

本を選んだ理由

宮田　莉花さま

こんにちは。度々失礼します。

メールにてお問い合わせいただいた、あなたのカルテを読んで何を想い、選書をしていたのか。僕は普段、お一人おひとりに選書の意図を詳しくご説明することはしていません。それは一人ひとり別々であり、みんな一緒であるからです。それに、僕にできることは本屋の店主として、作家が本に込めたメッセージをみなさんにパスすること。それだけです。僕から直接人生のアドバイスをすることはできません。僕が選んだ本をお読みいただき、みなさま一人ひとりがご自身で人生に寄り添うような言葉を見つけ出してほしいと思っています。だから、僕は本を選ぶこと以上のことはしていないんですね。

ですが、せっかくなのでこの本の中で、あなたのカルテを読んで何を想い、これらの本を選んだのか、お返事させていただきます。

まず、あなたのカルテを読んだとき、僕は「似た人を知っている」と思いました。それは、ちょうどあなたと同じ37、8歳の頃の僕自身です。

当時の僕は、世界と戦っていました。世界の遠くの国で起きていること、地方自治のこと、差別について、あらゆる社会問題に対して、怒りを覚えていたのです。本を読んでは知識をつけて、誰がきても論破できると思っていましたし、正しいことを言っているのになんで伝わらないんだ、なんで社会は変わらないんだ、と悔しかった。仕事においても、ちょうど親父から引き継いでいわた書店の社長になった頃で、何をやってもうまくいかず空回り。売り上げが上がらないのはバブルが崩壊したから。自分の失敗も力不足も、世の中や誰かのせいにして、怒っていました。あれもこれもなんとかしたい、とエネルギーを持て余していたのですね。

それから30年以上の月日が経ってどうなったか。少しずつエネルギーもなくなってきたものですから、戦う相手を絞って、自分がやるべきこと、上がる土俵を決めたのです。柳美里さんがいうように『人生にはやらなくていいことがある』んですね。やらなくていいことはやらなくていい。人生は一回きりで、自分の人生しか生きられないんですから。つまり、僕は本屋として自分にできることをやればいい、と思えた。自分が置かれた環境で、自分の周りにいる人たちのことを想って、自分がいま手にしているもので、田舎の本屋としてできることを考える。そうすると、できないことは増えていきます。それはやらなくてもいいことでもあるのです。代わりに、自分が苦手なことは人に頼みやすくなりました。削ぎ落としていったことで、現在の自分というわた書店があります。

僕もあなたと同じように戦って戦って、ヘトヘトだったから、そのあふれ出す気持ち、身に覚えがあるんです。だから、もっと肩の力を抜いて、あんまり無理しないでって言ってあげたい。でもそんなこと言葉で言われたって伝わらないでしょう。僕もそうでした。

もしあなたが、あと半年とか1年で死んでしまうとしたらどうしますか？　当たり前に身近にいた人が突然、帰らぬ人になったら？　がむしゃらにひとりで世界と戦うよりも、たとえばいま目の前にいる自分にとって大切な人――子どもやパートナー、両親や友人――を大事にしなくっちゃ。もったいないと思うんです、今日という時間が。

僕はそんなメッセージを数々の本から受け取ってきました。すでにお伝えしたように、僕があなたに選んだ本の中で、この1冊がこの課題を解決する、といったような明確なメッセージがあるわけではありません。主に死や老い、対人関係がテーマとなったこれら11冊を合わせて読んでいただくことで、自分の人生を少しだけ引いて見て、いまのあなたにとって一番大事なものを見つめ直す機会になったらいいなと思って、選びました。

あなたは選書カルテで真剣にご自身と向き合われた。読書もまた、他人の言うことに耳を傾け、自分を振り返る作業でもあります。他者への想像力を深める、ほぼ唯一の手段でもあると思います。あなたは今回、選書カルテを書くこと、僕が選んだ本を読むことで、大事なものに気づき始めているように思います。そうであるなら、本屋としてこんなに嬉しいことはありません。

それからあなたは、読書家で本が好きでいらっしゃる。その点も僕と同じですね。
きっとこれからも本はあなたの味方でいてくれるでしょう。
これから続く人生の中で、よき本との出会いがありますように。

いわた書店　岩田

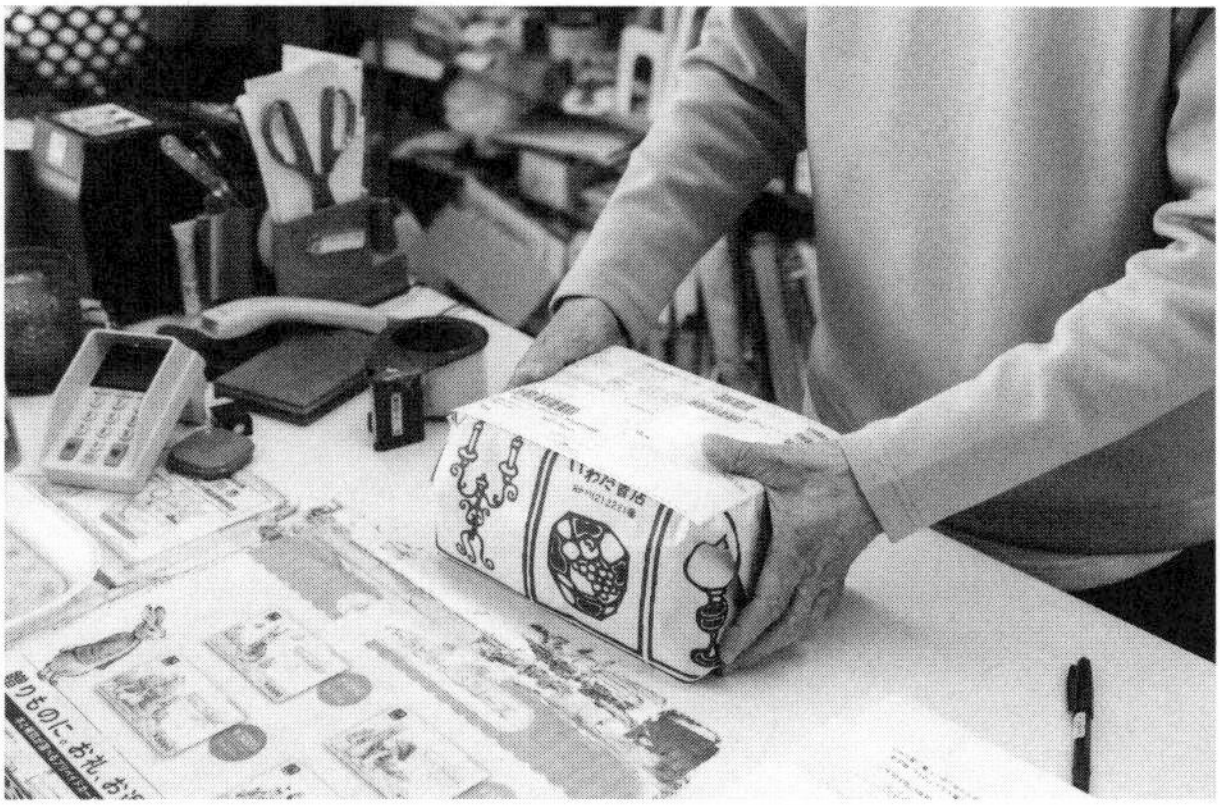

カルテに目を通し、店内で選書した本を、いわた書店特製の包装紙で梱包し発送する。 1日5件の選書をする。

第4章

北海道砂川だからできる「やりたかった本屋」

北国の小さな本屋の仕事術

前章でありのままをお伝えしたように、僕は本を届けるために、読者であるお客さんと個別にやりとりを重ねています。

まず応募してくださった方に受け付けましたとメールを送り、抽選で当選した方にお知らせメールを送り、選書カルテを書いてもらう。カルテが届いたら本を選んで選書リストを送り、入金があったら手紙を添えて本を発送する。

多くのお客さんが受け取った段階で、あるいは本を読んでから、お礼と感想をお伝えくださいます。中には、手紙や贈り物を送ってくださる方も。いただいた手紙の束だけで段ボール数箱ありますし、ありがたいことに全国各地の銘菓をはじめ美味しいものをいただいております。まるで、ロンドンの古書店の店主とニューヨークの脚本家が本の購入を通してやりとりした書簡集『チャリング・クロス街84番地』の世界です。

いただくメールやお手紙には、同じ時代を生きている日本人のそれぞれの読書風景とその後の人生が綴られています。僕が7年間で選書をさせてもらったのは、1万1000人を超える、15歳から98歳までの人たち。本当に十人十色のエピソードがあります。

たとえば、あるプロスポーツのトレーナー。彼が渡米して、現地でベネズエラ人の女性と恋をして、どうしようか迷っていたときにやりとりをして、日本の実家に選書した本を送ったんです。数年後、２回目の応募に当選したときには、彼女と日本で結婚して、ふたりの子どものお父さんになっていた。人生が進んでいるなあと嬉しくなりました。

ありがたいことに、一万円選書にはリピーターも多いんです。と言っても、毎月ランダムに抽選しているので、当たらなければリピートができない仕組みではあるんですが。選書を通して読者と再会できることは嬉しいですよ、やっぱり。選書が２回目、3回目となってくると、岩田さん、もうその手は食わないぞ、もっとおもしろい本はないのかって言われちゃいますから。飽きられないように、期待を裏切らないように、もっともっと、おもしろい本を見つけなきゃ、といい刺激になっています。

一万円選書がブレイクした翌年の２０１５年に電通が主催する第2回「広告業界の

若手が選ぶ「コミュニケーション大賞」をもらったんです。そのときに、ああ僕がやっているのはコミュニケーションなんだなと気づかされました。

ただ本を並べて売っているだけじゃない。利益が生まれるのは本が売れたときだけれど、仕事のやりがいや意義は、その前後の、お客さんである読者との血の通ったコミュニケーションにあるんですね。

目の前にいる相手に集中する

一万円選書を見つけて広げてくれたのはスマホ世代の方たちです。ブレイクする7年前から僕がやっていることは変わらないのに、なぜこんなにも多くの人に受け入れられたのか。どうして一瞬のブームに終わらず、その後も変わらずたくさん注文をいただけているのか。スマホ全盛期だからこそ、一万円選書の根底にある深いコミュニケーションがより求められるようになったのかもしれません。

選書カルテを読んでいて感じるのは、みんなが広く浅くスマートフォンでつながるようになってから、個々の孤独が深くなっているんじゃないか、ということなんです。

友人同士で集まっても誰かひとりがスマホを取り出せば、みんな一緒にいるのに、別の誰かとスマホ上でやりとりをすることになる。カフェで向き合っているカップルがお互いの目を見て話さずに、ずっとスマホを触っている。親が子どもを見ずに、スマホの画面を見ている。見慣れた光景ですが、いつも奇妙だなあと思います。一緒にいるのに、目の前にいる人の話を聞かない。SNSでは表面的な話しかできないし、人と会っていても話を聞いてもらえない。そんな寂しさをぶつけるようにして、「私の話を聞いて」と言わんばかりに、選書カルテに自分のことをたくさん書かれる方がいるのです。

スウェーデンの精神科医アンデシュ・ハンセンさんが書いた『スマホ脳』の中で、若者や子どもへのアドバイスとして「友達と会っているときはスマホをマナーモードにして少し遠ざけておき、一緒にいる相手に集中しよう」「あなたがスマートフォンを取り出せば、周りにも伝染する」という文章を見つけたときは、その通りだ！　と声を大にして言いたくなりました。

２０２０年の２月を最後に、会議や講演会での出張がすっかりなくなってしまいました。これを機に僕はスマホを持ち歩くことをやめました。

仕事に集中しているときや、家族と過ごしているときにも、「ピヨローン」と鳴ったり「プルプル」震えたりするのがどうも気に障っていたのです。もちろん便利でそれなりの恩恵も受けているとは思うんですが、貴重な時間を取り上げられているようで落ち着かなかった。いまは、スマホは自宅に置いて、チェックするのは日に一度だけにしています。

僕はやっぱり、目の前にいる人に集中したいんですね。お店に足を運んでくれた人と、選書カルテを書いてくれた人に。いわた書店は営業日の午後3時から5時までシャッターを閉めます。僕は誰ひとりいない店の中で、ひとりあたり20分から30分の時間をかけて選書を行います。できる人数には波もありますが、だいたい平均して1日5人くらいでしょうか。選書をするときは、ゾーンに入るようにして、軽いトランス状態になっちゃうんです。たったひとりでもお客さんがいたら気になって集中できないし、ましてやスマホが音を立てたら集中力が一気に途切れてしまう。

以前は、お店を開けた状態で選書をしていたんですが、集中しすぎてお客さんに対して不親切になってしまうことがありました。同時並行すると、店頭に来るお客さんも、選書の相手も、どちらも蔑《ないがし》ろにすることになり、ミステイクが起きてしまう。お店を開けているときは目の前にいるお客さんに対応し、選書をするときはお店を閉めてカルテを書いてくれた相手と向き合う。僕の仕事は、スマホに邪魔をされずに、目の前にいる人に集中することで成り立っているのです。

１日24時間しかない時間の多くをスマホに奪われるのはもったいない。スマホに振り回されるくらいなら、１冊でも多くのおもしろい本を読みたいですし。

気に入った本だけをすすめる本屋

取次業者から送られてきた、最新刊や旬のベストセラーを店頭に並べて、お客さんが来るのを待っている。売れなかったら返送して、また新しい本と売れ筋の本を並べる。家業を継いで本屋で働き始めた頃、僕は仕組みとしてそうなっていた、本をお金にかえるような仕事がつまらなくて物足りなくて、現状を変えられない自分がもどかしくて、悔しかった。

町の本屋がひとつ、またひとつと姿を消していく中で、自分の気持ちを奮い立たせるために、「理想の本屋」の同志を本の中に見つけていました。

ガブリエル・ゼヴィンの『書店主フィクリーのものがたり』には、僕がずっとやりたかった本屋の姿が描かれています。舞台となるアイランド・ブックスは、島に一軒しかない小さな書店で、書店主のフィクリーとその妻が「本屋がない町なんて町じゃない」と始めた本屋です。交通事故で妻を失ってからも、悲嘆に暮れ、不貞腐れながら、（まるで僕のような）偏屈なフィクリーは、お気に入りの本だけをすすめる、というスタイルでひとり本屋を営んでいくのです。ある夜、所蔵していた稀覯《きこう》本が盗まれるという悲劇が起き、同時に女の子が捨てられているという出来事がありました。そしてフィクリーはその少女・マヤを娘として育てていくんです。物語の終盤、本屋で育ち作家を目指すマヤに、フィクリーが心でかける言葉があります。

「ぼくたちはひとりぼっちではないことを知るために読むんだ。ぼくたちはひとりぼっちだから読むんだ。ぼくたちは読む、そしてぼくたちはひとりぼっちではない。ぼくたちはひとりぼっちではないんだよ」――。

本が好きな人に、これから本に出会う人に、本を必要としている人に、この言葉が届いてほしい、と思わずにはいられません。

自分の理想の本屋に近づくために、あるときから僕は、取次から送られてくる新刊や売れ筋の配本をすべてストップしました。店頭にも一万円選書でおすすめしている、僕が実際に読んでおもしろかった本を中心に置くようにしたんです。最新刊や売れ筋はネット書店や大型書店で買ってくれ、僕はこういう本を売りたいんだ、という意志を込めて。自分のお気に入りの本を山のように積んで、責任を持って届けていくスタイルに方向転換しました。

大学受験をするような高校生はおそらく砂川にはあまりいないし、ネットでも買えるので、高校学参は置いていません。ベストセラー作家の新刊も山積みしません。雑誌やコミックも随分減らしました。だから、いわた書店の本棚はほかのどこの書店とも景色が違うし、売り上げベストもほかの書店とはまったく異なります。大ヒットコミック『鬼滅の刃』より詩集や歌集が売れている本屋なんて、全国探してもなかなかないんじゃないかなあ。

コロナ前は、全国各地、海外からもいわた書店に足を運んでくれる方がたくさんいました。本当にびっくりするくらいたくさん。でね、いらしたお客さんはどこの本屋ともラインナップが違うから、隅から隅まで小一時間ほど棚をゆっくり見て、両手に本を抱えてレジにやってくる。だいたい1万円分くらいの本を選んでいかれます。

広島からだったかな、女性の医師が病院の待合室に本を置きたいと言って、娘さんとおふたりでいらしたことがあって。おすすめの本を聞かれたので、「ここに置いてある本はどれもぜんぶ僕のおすすめですよ」と伝えたら、じっくり棚を見て30万円分くらい買っていかれた。びっくりしましたね。でも自信を持って、店頭に置いてある本はぜんぶおもしろいんだ、と言えたことは嬉しかった。自分が「やりたかった本屋」に近づけているなと思いました。

僕がニューヨークで書店巡りをしたのと同じように、海外からもお客さんが結構たくさんやって来るんです。下関にフェリーで着いて、バイクで北上して日本縦断してやってきたソウルの本屋とかね。コロナの前の夏の終わりに、台湾ボーイと香港ガールのカップルも富良野《ふらの》に行く前に立ち寄ってくれました。どうやらそれぞれの言語で一万円選書のまとめサイトができているようで。記念に僕と写真を撮っていかれる方もいるんですよ。田舎にある町の本屋が観光地のようになるなんて、本当に不思議なものです。

新刊より既刊を。絶版本も蘇らせる

出版業界はどうしても新刊偏重で、書店はいま売れる本をどんどん売っていこうって姿勢になりがちなんだけど、いわた書店では既刊本を長く売っていくことに重きを置いています。新刊や話題作は読者に届けてくれる味方もいっぱいいますから。自分がすごくいい！　と思った本にはきちんと光を当てて、もっと言えば増刷をかけてあげられるところまで売っていく。それくらいの気持ちで本屋をやっています。

本という世界で、新刊が波打ち際にいるとすれば、既刊は深くて広い大海原。僕はそこに飛び込んで泳いでいるような感覚です。でもそうすると、どんどん手に入らなくなる本も増えていくんです。古い本だと売り切ってしまうと増刷がかからず、そのまま絶版になってしまうこともよくあるんです。残念なことに。

前述した笠井一子さんの『京の大工棟梁と七人の職人衆』もそうした1冊でした。1999年に草思社から刊行されたんですが、熱心に売っていたら、もう増刷はしないと言われてしまったんです。こんなにいい本が読めなくなっちゃうなんてもったいない、といくつかの出版社に掛け合って、2020年に河出書房新社に復刊してもらいました。失われつつある文化を支えた人たちの仕事を、心を、笠井さんは本として残してくれた。登場人物が他界されていることもあって、とっても貴重な本なんです。こういう類書のない得難い本こそ、僕は長く売っていきたいんですね。

同じく笠井さんが書かれた『棟梁を育てる高校――球磨《くま》工高伝統建築コースの14年』も入手困難なんです。熊本県にある球磨工業高校の伝統建築コースを取材したノンフィクション。実際に職人が実技指導したり、先生が現場に飛び込んだり、教えるほうも手探りながらに必死なんだけど、かたちとして残り続けるものをつくる職人を目指す生徒たちの姿も眩しい。

先に紹介した『ファイティング寿限無』も、ちくま文庫だったものが廃刊になっちゃって、出版社に「売るから復刊してほしい」って頼み込んだんです。そう言った手前、いわた書店で2000冊以上売っていますし、「プロフェッショナル 仕事の流儀」をはじめメディアでも紹介しているので手に取ってくれた人も多いんじゃないかなあ。

最近ではいわた書店でも１４００冊近く売った、池澤夏樹さんの『静かな大地』が手に入らなくなってきてしまいました。

作家から受け取ったパスを読者に渡せなくなってしまうのは、とても心苦しい。売りたい本を売るために、僕は絶版になった本もあきらめず、長い視点で復刊を狙っています。

損益分岐点を低くした黒字経営

街の中心地の人が集まるところに店を構えるか、郊外に大型店をつくるか。それが本屋の商売の主流だったとき、いわた書店のような町の本屋は時代遅れだ、と散々言われました。でも、いまは考えなしに自分の意志を曲げて、ただ時代の波に乗らなくてよかった、と思います。

いい立地に店を構えれば家賃は高いし、たくさん本を揃えればそれだけ仕入れ代金はかかる。その分たくさん売り上げを立てなければいけません。出版業界で利益が生まれるのは、読者が本を買ってくれたときです。ところが、出版社が取次に本を納める段階で支払いが発生するので、書店から既刊本の返品がされる前に新刊を出す、自転車操業のような出版社もあるようなんです。ただ書店を介して本をお金にかえて回しているだけで、ちゃんと読者に本が届かなければ、せっかくつくった本は売れ残って廃棄されてしまうし、利益も生まれないし、作家も出版社も書店も読者も、誰も幸せにならない。せっかく働いているのに、みんな消耗してしまうでしょう。

僕も出版業界の仕組みの中で負のループから抜け出せず、支払いに追われて苦しんだ時代がありました。でもお金に縛られて、小さな町の本屋が、売れるだろうからってベストセラーと最新刊、大型書店の上澄みだけを並べても、個性のない、なんともみすぼらしいお店になってしまいます。それだけは、したくなかった。

開始から7年の時を経てようやく一万円選書が軌道に乗って、自分が気に入った本だけを仕入れるようになってからは、返本率が減り本の回転率がよくなって、大きくはないけどしっかり利益が上がるようになりました。書店業界の返本率は大体4割と言われていますが、いわた書店では仕入れた本の98%は売っています。

それから売り場面積を縮小し、仕入れも最小限にして固定費を抑え、営業時間を短くし雇う人を減らして、損益分岐点を低くしています。手を広げすぎず黒字を出す、小商いのやり方です。売り上げ規模が小さくても、自分の好きな仕事が続けられるようにしています。

コロナ禍、ご多分に漏れず、国内外からお店に来るお客さんはほとんどいなくなってしまいました。今日も店の外はしんと静まりかえっています。けれど、おかげさまで僕は以前と変わらず、選書という自分の仕事に打ち込むことができています。店頭に人が来なくなった分、５人と言わず10人の選書をすれば、それで１日の売り上げが立てられる。遠く離れた場所であってもこうしてお客さまとつながっていられることは、本当にありがたいことです。

２０１５年に閉店した札幌の町の本屋、くすみ書房の店主、故久住邦晴さんが生前、うちのお店に来て言ったんですよ。「岩田君のとこはいいなあ、店が狭いから在庫も少ないし、田舎で人も通ってないから夜遅くまで店を開けなくてもいいし、競争相手もいない。いいよなあ」って。全部ダメな本屋の条件じゃないかって、笑いましたよ。でもこれ、久住さんが言う通り、一万円選書を軸にするいわた書店にとってはいいことばかりなんですよね。高い家賃を払わなくていいし、店で抱える在庫が少ない分、売れる前に支払いするお金も少なくなる。砂川は人口1万6千人の町で商圏が小さいから、札幌のように大型チェーン書店も参入してこない。人通りが少ないから日中にシャッターを降ろしても誰も文句を言わない。おかげで僕は選書に集中できる。もともとたくさん人が来ることを前提に商売をしていないから、お店でありながらコロナ禍に受ける影響も少ない。〝負ける要素〟が揃っているのに、いわた書店はいまも町の本屋としてあり続けることができている。

すべてのハンデはアイデアひとつでアドバンテージに変えられるんですね。

きちんと休んで家族と過ごす

いまの僕の働き方は——ウィークデイは毎日、朝5時半に起きてフィットネスバイクを漕《こ》ぎながら1時間以上本を読みます。家族が寝静まっている早朝は本に集中できる貴重な時間。適度な運動も欠かせません。妻が起きてきたら、珈琲を淹れて朝食を食べる。身支度をして7時半に店に出勤します。開店準備をして9時に店を開けて、11時半に家に戻って昼ごはんを食べてひと休憩。13時に店に戻って、15時から17時まではシャッターを閉めて選書に集中する。お店は18時まで開けていますが、そこからは娘に店番と店じまいを任せて、僕は17時に仕事を切り上げ帰宅します。それから家族と食卓を囲んで晩酌して、ゆっくり過ごす。これが僕の1日のルーティーンです。土曜と祝日は、9時から12時まで店を開けて、午後から選書をすることもありますが、基本はお休み。日曜は定休日です。

もっと長い時間お店を開けていたら、もっとたくさん選書をしたら、売り上げは立つし、収入も増えるかもしれない。でも、僕はそこを目指していないんです。無闇やたらに、売り上げを増やそう、収入を上げよう、とは思わない。売り上げや規模、目に見える数字を指標にナンバーワンを目指すんじゃなくて、誰かにとってのオンリーワンでい続けるために、長い目で自分にできることを積み上げていきます。

休みなく店を開けて忙しく働いて、健康を保つための適度な運動もできず、家族と過ごす時間も持てず、何より本が読めなくなったら本末転倒ですから。おもしろい本を読みたくて、おもしろい本を人にすすめたくて、本屋をやっているのに、仕事が忙しくて本が読めないなんて、そんな皮肉なことはないでしょう（とはいえ、かつての僕はそうでした。書店業界全体の売り上げが下がり、人件費を削らざるを得ない状況で、「本屋で働く人間が忙しくて本が読めない」というブラックジョークはまだまだ現実のものであると思います）。

「一番したいことは？」と聞かれたら僕は、迷わず、「おもしろい本を読みたい」と答えます。本の世界は広いし、まだまだ僕が出会っていないおもしろい本があるはずだから。

僕はこの地で楽しく本屋をやり続けるのだ、という強い意志を持って、きちんと休むことにしています。大好きな仕事に誇りを持って生きていくために。

本を読むことから1日を始めて、本に囲まれながら全国の読者に本を届け、1日の終わりに家族とともにある時間がかけがえのないものであることに感謝する。そういう毎日を、できるだけ長く続けていきたいのです。

「お金にかえられない仕事」が価値を生む

僕は一万円選書に多くの時間を費やしますが、お客さんからいただくのは本の代金のみで、特別な手数料はいただきません。どうしてですか？　と聞かれることがあるのですが、それが本屋の仕事だと思っているからです。１冊の本を売って、本屋には本体代金の２割少しが入ってきます。１冊１冊、読者に本を届けることを積み上げていけば、それだけでちゃんと利益は出るんです。

本屋のお客さんは「消費者」ではなく、「読者」です。本は消費されるものではなく、読者の傍らに立って励ましてくれるもの。本屋の使命は、作家が命を削って書いたおもしろい本を必要としている読者に届けていくことなのです。

木皿泉さんの『さざなみのよる』の中に「お金にかえられない」という文章があります。主人公のナスミが編集者になった加藤由香里にかける言葉です。

「だから、お金にかえられないような、そんな仕事をするんだよ。みんなが喜ぶような、読んだ人が明日もがんばろうって思えるようなさ、そういう本をつくりなよ」。

このセリフに出会ったとき、著者から編集者、書店、読者へとパスがつながっているんだ、と感じました。読んだら終わりの消耗品ではなく、その人の中にじんわりと長く残り続けていくような本。この本もまさに、そういう本です。この本を読んだとき、僕は本屋として、お金にかえられない、読んだ人が明日もがんばろうと思える本を届けて、みんなに喜んでもらえる仕事をしたい。そう意を強くしました。

つい先日、生死の境を彷徨《さまよ》って成功率が50／50の難しい手術に挑んで、なんとか助かった方が一万円選書に応募してくれて、メールでやりとりをしていたんです。たまたま僕の「プロフェッショナル 仕事の流儀」の録画を見たそうで、こんなふうに人の役に立てる仕事のやり方があるのか、とびっくりしたと言うんです。僕はただ、田舎の本屋として生き残っていく方法はないかと必死にもがいて、できることをひとつずつコツコツと積み上げてきた。そうしたらいつしか、友人や先輩、お客さんからも「岩田さんにしかできない仕事だ」と言われるようになった。「お前の代わりなんていくらでもいる」と何度も突きつけられてきたのに。それぞれの人がそれぞれのやり方で、お金にかえられない、ＡＩにも代わりができない、誰かの役に立って喜んでもらえる仕事があると思うんです。それを見つけるまでの道のりは長いかもしれませんが。

一万円選書を始めた、本屋の仲間

一万円選書にこれだけたくさんの応募が絶えずあるということは、読者のみなさんは、自分の人生に寄り添ってくれるような、本当におもしろい本を探し求めている。けれど、なかなか出会えていない。つまり、書店が読者の希望に応えられていない、ということではないでしょうか。広大な書店やネット書店が隆盛を極めても、いや、であればよけいに、読者に本が届きにくくなっているようにも思います。たくさんの選書の依頼は「おもしろい本はどれ？」という読者からの叱咤激励にほかなりません。何度も繰り返しますが、本屋の仕事は、そうした読者におもしろい本をつなげることです。

だから僕は、一万円選書を全国の書店さんでやりたい人はやってほしいと思っているんです。北海道の書店の会合なんかでも、真似したかったら真似して！ってよく言っています。「冷やし中華、始めました」って感じで、うちでも「一万円選書、始めました」って、どんどん始めちゃってほしい。

僕が死ぬまでの一生をかけてもできる数には限りがあるし、選ぶ人によって得意分野も感性も違う。本屋には、児童書が得意な人もいれば、ミステリーが得意な人もいれば、コミックが得意な人もいますから。

選書カルテは冒頭に出したように公開しているので、参考にしながら、それぞれの得意分野と個性に沿ったかたちでご自身で考えてつくってもらえたらと思います。コロナ以前は、娘が中心となって「放課後のいわた書店」と名付けた部活動のような勉強会も開いていたんですよ。書店員や図書館司書など、いろんな方が10人ほど集まって、本の話題に花が咲きました。コロナがもう少し落ち着いたら再開したいですね。

実際に、北海道を中心に自分の得意分野で一万円選書をやっている本屋もあるんです。たとえば、旭川にある子ども向けの町の本屋「こども冨貴堂」さんは「こどもの本一万円選書」を展開中。いわた書店は児童書が苦手なので、15歳以下に向けての選書は、こども冨貴堂さんへお任せしていて、本を郵送するときにチラシを同封しています。ほかにも、帯広に本部のある「ザ・本屋さん」も「元祖一万円選書いわた書店公認」って看板を立ててイベントとして不定期で募集しています。北海道以外でも大阪にある「隆祥館書店」さん、東京の「伊野尾書店」さんもやられていますし。そのほかにも、僕が知らないところでも広がっているみたいです。

選書を始めた書店がみなさん「久しぶりに本屋をやっていておもしろいって感覚を思い出した」、「本屋の楽しさが蘇ってきた」って言ってくれるんです。そうやって一緒にがんばっている本屋の仲間が仕事の楽しさを思い出して喜んでくれるのは、嬉しいですよ。

いわた書店でも娘が「いわたま選書」というコミックを中心としたライトなコミュニケーション選書をやっていましてね。選書カルテはつくらずに、ネット上のフォームでアポイントメントを取って15分程度、直接電話で話すんです。世間話から、好きなゲームとかコミックとか、僕にはできないような会話をしています。選ぶ本も僕とは全然違いますから、お客さんを取り合うこともありません。

すごくいいのは、いわた書店の独自サービスである一万円選書をどれだけ真似してもらってもお客さんである読者は減らないし、むしろ選書をきっかけに本を読む楽しさを知ってもらうことで、増えていく可能性がある。お互いが見落としていたものや苦手な分野をカバーし合えるわけだから。読者も、今回は北海道の岩田にお願いしたけど、次は大阪の誰々さん、次は島根のあの人に、と順に選書をお願いしていったら、本の世界がより広がっておもしろいんじゃないかなあ。いくつか試して、自分の感覚にフィットする一万円選書があれば、リピートしてもいいわけですし。

「本が売れない」と嘆いた僕に一万円札を渡して「俺みたいなやつが100人もいたら経営が安定するべ」って言った先輩に、今度は「うちんとこみたいな本屋が百店もあったら書店業界が変わります」って言えました。実際にそうなったら相当、おもしろいことになりますよ。

そうそう、娘は、本を読む時間を豊かにするいわた書店のオリジナルグッズもつくっているんですよ。日本の革鞄と馬具をつくる「ソメスサドル」とコラボした革の文庫カバーと栞《しおり》。砂川のカフェ「MEDERU」とコラボした「本を読むときの珈琲（粉、もしくは豆）」。最近は、地元の美容室「BONDS」の協力を得て「本を読むときのハンドクリーム」を開発しました。このハンドクリームは、一万円選書を含め、いわた書店で600冊以上売っている『虹いろ図書館のへびおとこ』の世界にあるもの。この商品のために著者の櫻井とりおさんに200字ほどの物語を書き下ろしてもらっています。

これらの商品はいわた書店のホームページと一万円選書で選書リストを送るときにご案内しているんですが、みなさん結構買ってくださるんですよ。こうやって、書店に限らず地元の小さなお店同士がコラボして、お客さんとの出会いを広げていっているわけです。

娘はほかにもインターネットを利用して、「いわた書店の選書屋さんいわたま」公式YouTubeの配信もしていますし、無料のFacebookグループ「いわた書店の横丁」も運営しています。「選書屋さんいわたま」という月額料金のコミュニティも主催。娘は娘のやり方で、合わせ技一本で勝負しているんですね。

ここ最近は、全国に自分が売りたい本を売っている、個性的な小さな町の本屋が増えていますよね。沖縄に講演に行ったときに、ジュンク堂を辞めた女性が開店した「市場の古本屋　ウララ」を見に行ったんです。市場の中でまるでお漬物や乾物を売るように本を売っていて、楽しそうでいいなあって思いましたよ。日本全国、あちこちにそういう町の本屋が増えていって、昔のように「おもしろい本の教えっこ」ができたら、日本の書店文化が、日本人の読書体験がまた変わっていくと思います。もうすでに、変わり始めているのかもしれません。

本と読者をつなぐプラットフォームに

一万円選書を続けてきてよかったことのひとつが、いわた書店を通して、読者と、著者と出版社が出会ってつながっている、ということなんです。

たとえば、選書に当選された方が、Ｔｗｉｔｔｅｒ等のＳＮＳで、本の感想をつぶやいてくれます。「自分では手に取らない本だけど、読んでみたらすごくおもしろかった」とか「この著者の本ははじめて読んだけど、ほかの著作も読んでみたい」とか。すると、出版社の編集担当や営業担当の人が、「ありがとうございます！」と感謝の気持ちを伝えるリプライ（返信）をするんです。中には、著者ご本人が反応していることもありますよ。一万円選書を通して、読者が新しい本に出会うだけでなく、その感想がつくり手である出版社や著者に届く。日本の出版・書店業界では、著者は自分が書いた本が誰にどのようにして届いているのかを知る機会はほとんどありません。

一万円選書を通して、いわた書店から読者へと本が届いていることを著者や出版社に伝えられるのは嬉しいことです。こうしていわた書店は、読者と本のつくり手をつなぐプラットフォームのような役目を果たすことができているのです。

ほかにもどうやら僕の知らないところで、一万円選書に応募した読者の方同士の地域コミュニティのようなものもあるそうなんです。みなさんで時期が来たら一万円選書に応募して、当選した方が僕の選んだ本を共有したり、オンライン・オフラインで集まって本をおすすめしあったり、読書会をしたりしているようなんですね。

それから、何年か前にお店を訪ねてきてくれた方が、店内のおすすめ本コーナーに飾ってあった、作家・エッセイストの朴慶南《パクキョンナム》さんの『私たちは幸せになるために生まれてきた』を見つけましてね。「友人が書いた本なんです」と喜んで、置き場をカメラで撮影して帰っていかれました。在日二世の朴さんが「願生《がんしょう》」という仏教の言葉を軸に、ご縁でつながった、さまざまな体験をされた人の生き方を綴ったエッセイ集。願生とは、「すべて、自ら願って生まれてきた」と腹を決めて、人生のスタートラインに立つこと。しっとりした味わいのこの本は、選書にもよく入れています。

驚いたのはその後、著者の朴さんご本人からお手紙をいただいたんです。しまいには、北海道旅行の際に砂川の書店までご来店くださった。朴さんが生まれ育った鳥取に帰省した際にはお仲間との宴に、鳥取市役所に勤務するうちの次男にまで声をかけてくださったそうで。読者に本を届けていたら、こんなふうに著者ともつながることができた。ありがたいことに、本を通じて僕自身のご縁も広がっています。

新型コロナウイルスの影響を受けて、人と人との分断や一人ひとりの孤独はより深まっているように感じます。ところがこの一万円選書の取り組みは、ウイルスをものともせず、いまも変わらず、人と人とをつないでくれているのです。

やがて来る春のために

北海道の田舎の町で、僕は1日のほとんどの時間を小さな店の中で過ごしています。いわば井の中の蛙《かわず》です。底の暗さも、水の冷たさも知っています。でもね、見上げるとそこには北国の青い空。僕には本を通じて世界とつながっていると思えるのです。

世の中がこんなにも大変な状況に陥っている中、みなさんのおかげで僕は毎日選書に打ち込むことができています。日本一幸せな本屋です。感謝しかありません。人には一生しかないし、1日は24時間しかない。それに明日、死ぬかもしれない。常に最終回、アディショナルタイムなんですよね、人生は。最後に帳尻を合わせるように、幸せだったと思えたらそれでいい。そのために、残された時間に自分にできる精一杯のことをしていくだけ。

僕がなんのために本屋をやっているかと言えば、ひとりでも多くのお客さんに、1冊でも多くのおもしろい本をすすめるため。おもしろい本を書いてくれた作家からもらったパスを読者につなげるのが本屋の役目です。走り続けながらパスを必死に受け取って、後ろから来る人に渡さないとゴールはできません。僕は老いぼれるまではずっと現役でパスを受け取り、出し続けたいと思っています。死に際まで、子どもの頃にしていた「おもしろい本の教えっこ」をしていたい。

大好きな作家のひとりである池澤夏樹さんの『きみのためのバラ』の中にこんな文章があります。

「やがて突然に春が来た。ある朝、窓を開けると、空の色が違った。あの鉛色の雲が消滅して、青いまぶしい天蓋《てんがい》がパリを覆っている。そのくらいドラマティックだった。派手で、にぎやかで、街は鎧戸《よろいど》を開け放った屋根裏部屋のように明るい。誰もが外に出てくる。花が咲き、木が若葉をつける。それを透かして日の光が地面に緑色の影を揺する」。「冬があるから春が際立つ」——。

いまは世界を鉛色の雲が覆っています。あなたの人生にもいまは靄《もや》がかかっているかもしれません。僕の人生もそうでした。でもある日突然、霧が晴れ、一斉に春がやって来たのです。たくさんもがいて失敗もして、60歳を超えてようやく、ずっと「やりたかった本屋」をやることができているのです。

あなたもいまは、やがて来る春のための準備期間にいるのかもしれません。きっと、春は来ます。人生を投げ出さなければ。

モヤモヤするとき、つらいとき、悲しいとき、先が見えなくなったとき、何もかも投げ出したくなったとき。いつだって本を頼ってください。

本の中にはすべてがある。本はいつだってあなたの人生の味方だから。

おわりに

一万円選書を始めてから14年。あの突然のブレイクの日から7年が経ちました。どんなにがんばっても売れない時期があまりにも長く続いたため、最初のうちは「どうせすぐにポシャるだろう」とビクビクしていたのは本当です。

ここで経験したことは、仕入れた本がほとんどすべて売れていくという経営上のメリットだけではありません。選書カルテを介在した本屋と読者の「おもしろい本の教えっこ」とでも言うようなコミュニケーションが、日々何かの物語を紡ぎだしているのです。こんな本はどうだろう？　と、恐る恐る提示した本が「感謝」されるのです。この本は、その過程をなるべく詳しく振り返ってみたものです。

一万円選書がなぜブレイクしたのか？　そして、なぜ飽きられず、家族、友人へと口コミの輪が広がり続けるのか？「国民皆スマホの時代」になって、逆に読書に対する欲求のすそ野の広がりを感じます。驚かされたのは、いわた書店のささやかな（しかし必死の）取り組みを発見し広めてくれた多くの読者の存在です。みんなおもしろい本を探していました。いままでの、僕ら書店の読者へのアプローチが間違っていたのかもしれない、そう思うようになりました。本離れ、活字離れと言われているということは、同時に、それだけ手つかずの市場が広がっているということでもありました。いま、僕に見えている風景を一店でも多くの書店にも見ていただきたいと思っています。

町の本屋の役割は、毎日大量に生み出される出版物の中から「これだ！」と思う本を嗅《か》ぎ分けて読者に紹介すること。出版社は5年、いや10年経っても輝きを失わない、いやむしろその輝きを増すような渾身の1冊を生み出すことがその使命だと思うのです。人はその生涯のうちに読める本は限られています。ですからおもしろい本しか読みたくないのです。

僕はこの本に一万円選書のノウハウをすべて書き込んだつもりです。それは多くの書店にこの一万円選書に取り組んでみてほしいからです。全国の独立系書店で取り組んでもらい、その数が百店にもなればこの業界は確実に変わります。町の本屋がよみがえり、読者が増えて、おもしろい本を出す編集者が増えるはずです。

出版社が生み出し、取次によって「配本」された本を店頭で現金にかえるという仕事に落とし込められてしまっていたのが「本屋」という仕事です。いくらでも代わりがきく安い労働力としか扱われなければ、そこで働く人の顔から笑みは消えます。

本屋に来られるお客さんを、僕らは「消費者」とは言いません。あくまでも「読者」です。本は消費されるのではなく読まれるべきものなのです。子どもの頃から本が好きで、本にかかわっていける仕事は楽しくて、おもしろいはずです。

そこで働く人がプライドを取り戻すためには読者という味方が必要です。本は読者の手に渡って、はじめて利益を生み出します。僕ら本屋は、読者の立場に立って仕入れに取り組むことによって、読者の側に立つことができるのです。ありがたいことに、「一万円選書」に触発されて、選書に取り組む書店が少しずつ増えてきました。話を聞くと、選書をするようになってから「生き生きと」働いているというのです。「本屋の仕事が楽しくなった」という感想を聞いて、嬉しくなりました。日本中に個性的な本屋が存在し、みんながおもしろい本を発信する。読者は、小さな町の小さな本屋で読みたかった本と出会う旅をする。この業界の明るい未来が見えるようです。

それにしてもあの手この手を繰り出してもうまくいかない時期は長かった。この厳しい時間帯を一緒に耐えてくれたスタッフ、家族、とりわけ妻には感謝です。そして妻のお兄さんたち。秀臣さんら、青木三兄弟にも助けられました。母校、函館ラ・サール高校の先輩方。その会合に誘ってくれた佐々木先輩。そして僕に一万円札を差し出してくれた末永先輩ら同窓の皆様の応援には感謝しかありません。みなさまの友情によって、「本屋の神様」に出合うことができました。ありがとうございました。

2021年11月吉日

いわた書店店主　岩田徹

ブックリスト

※本書で取り上げた書籍の中で、現在入手可能なものを中心に、各章で紹介した順に作成しました。

第1章　いわた書店の店主になるまで

・『青春の門』シリーズ（第一部筑豊篇／第二部自立篇／第三部放浪篇／第四部堕落篇／第五部望郷篇／第六部再起篇／第七部挑戦篇／第八部風雲篇／第九部漂流篇／）五木寛之／講談社文庫
※いくつかの版があります。
・『新 青春の門　漂流篇』五木寛之／講談社／２０１９年
・『東京タワー――オカンとボクと、時々オトン』リリー・フランキー／新潮文庫／２０１０年
・『十五少年漂流記』ジュール・ヴェルヌ、波多野完治 訳／新潮文庫／１９５１年
・『モッキンポット師の後始末』井上ひさし／講談社文庫／１９７４年
・『寮生――一九七一年、函館。――』今野敏／集英社文庫／２０１７年
・『海潮音 上田敏訳詩集』上田敏／新潮文庫／１９５２年
・『若い詩人の肖像』伊藤整、荒川洋治解説／講談社文芸文庫／１９９８年　※品切れ重版未定
・『チボー家の人々』（全13巻）／ロジェ・マルタン・デュ・ガール、山内義雄 訳、店村新次 解説／白水Uブックス／１９８４年
・『静かなドン』（全8冊）ショーロホフ、横田瑞穂 訳／岩波文庫／１９５９年　※品切れ
・『もうひとつの朝　佐藤泰志初期作品集』（「市街戦のジャズメン」収録）／佐藤泰志、福間健二 編／

河出書房新社／2011年
・『海炭市叙景』佐藤泰志／小学館文庫／2010年
・『そこのみにて光輝く』佐藤泰志／河出文庫／2011年
・『黄金の服』（「オーバー・フェンス」収録）佐藤泰志／小学館文庫／2011年

第3章　僕はこうやって本を選ぶ——いわた書店の珠玉のブックリスト

・『カーテンコール！』加納朋子／新潮文庫／2020年
・『田村はまだか』朝倉かすみ／光文社文庫／2010年
・『トリツカレ男』いしいしんじ／新潮文庫／2006年
・『パリのすてきなおじさん』金井真紀 文・絵、広岡裕児 案内／柏書房／2017年
・『手から、手へ』池井昌樹 詩、植田正治 写真、山本純司 企画と構成／集英社／2012年
・『深呼吸の必要』長田弘／ハルキ文庫／2018年
・『歌集　滑走路』萩原慎一郎／角川文庫／2020年
・『朗読者』ベルンハルト・シュリンク、松永美穂 訳／新潮文庫／2003年
・『アーモンド』ソン・ウォンピョン、矢島暁子 訳／祥伝社／2019年
・『逝きし世の面影』渡辺京二／平凡社ライブラリー／2005年
・『11／22／63』（全3巻）スティーヴン・キング、白石朗 訳／文春文庫／2016年
・『ぼくたちが選べなかったことを、選びなおすために。』幡野広志／ポプラ社／2018年
・『京の大工棟梁と七人の職人衆』笠井一子／河出書房新社／2020年

・『ファイティング寿限無』立川談四楼／祥伝社文庫／2016年
・『へろへろ―雑誌『ヨレヨレ』と「宅老所よりあい」の人々』鹿子裕文／ちくま文庫／2019年
・『始祖鳥記』飯嶋和一／小学館文庫／2002年
・『羊飼いの暮らし――イギリス湖水地方の四季』ジェイムズ・リーバンクス、濱野大道 訳／ハヤカワ・ノンフィクション文庫／2018年
・『神さまたちの遊ぶ庭』宮下奈都／光文社文庫／2017年
・『大事なことほど小声でささやく』森沢明夫／幻冬舎文庫／2015年
・『やがて訪れる春のために』はらだみずき／新潮社／2020年
・『生きるぼくら』原田マハ／徳間文庫／2015年
・『銀の猫』朝井まかて／文春文庫／2020年
・『家族だから愛したんじゃなくて、愛したのが家族だった』岸田奈美／小学館／2020年
・『永遠のおでかけ』益田ミリ／毎日文庫／2021年
・『なんで僕に聞くんだろう。』幡野広志／幻冬舎／2020年
・『きのうのオレンジ』藤岡陽子／集英社／2020年
・『対話篇』金城一紀／角川文庫／2020年
・『人生にはやらなくていいことがある』柳美里／ベスト新書／2016年
・『すき好きノート』谷川俊太郎、安野光雅 挿画／アリス館／2012年
・『お父さん、だいじょうぶ？日記』加瀬健太郎／リトルモア／2017年
・『お父さん、まだだいじょうぶ？日記』加瀬健太郎／リトルモア／2021年
・『大家さんと僕』矢部太郎／新潮社／2017年

・『万寿子さんの庭』黒野伸一／小学館文庫／２００９年
・『木暮荘物語』三浦しをん／祥伝社文庫／２０１４年
・『キャベツ炒めに捧ぐ』井上荒野／ハルキ文庫／２０１４年
・『心の傷を癒すということ』安克昌／角川ソフィア文庫／２００１年
・『にげてさがして』ヨシタケシンスケ／赤ちゃんとママ社／２０２１年
・『緑色のうさぎの話』道尾秀介 作、半崎信朗 絵／朝日出版社／２０１４年
・『はやくはやくっていわないで』益田ミリ 作、平澤一平 絵／ミシマ社／２０１０年
・『横道世之介』吉田修一／文春文庫／２０１２年
・『続 横道世之介』吉田修一／中央公論新社／２０１９年
・『茗荷谷の猫』木内昇／文春文庫／２０１１年
・『昨夜のカレー、明日のパン』木皿泉／河出文庫／２０１６年
・『胎児のはなし』最相葉月、増﨑英明／ミシマ社／２０１９年
・『ぼくはイエローでホワイトで、ちょっとブルー』ブレイディみかこ／新潮文庫／２０２１年
・『他者の靴を履く アナーキック・エンパシーのすすめ』ブレイディみかこ／文藝春秋／２０２１年
・『10万人を超す命を救った沖縄県知事・島田叡』ＴＢＳテレビ報道局『生きろ』取材班／ポプラ新書／２０１４年
・『オシム 終わりなき闘い』木村元彦／小学館文庫／２０１８年
・『誇り ドラガン・ストイコビッチの軌跡』木村元彦／集英社文庫／２０００年
・『新版 悪者見参 ユーゴスラビアサッカー戦記』木村元彦／集英社文庫／２０１８年
・『オシムの言葉 フィールドの向こうに人生が見える』木村元彦／集英社文庫／２００８年

・『しゃべれどもしゃべれども』佐藤多佳子／新潮文庫／2000年
・『もう年はとれない』ダニエル・フリードマン、野口百合子 訳／創元推理文庫／2014年
・『もう過去はいらない』ダニエル・フリードマン、野口百合子 訳／創元推理文庫／2015年
・『もう耳は貸さない』ダニエル・フリードマン、野口百合子 訳／創元推理文庫／2021年
・『ワン・モア・ヌーク』藤井太洋／新潮文庫／2020年
・『オービタル・クラウド』（全2巻）藤井太洋／ハヤカワ文庫JA／2016年
・『楽園のカンヴァス』原田マハ／新潮文庫／2014年
・『図書館ねこデューイ　町を幸せにしたトラねこの物語』ヴィッキー・マイロン、羽田詩津子 訳／ハヤカワ文庫NF／2010年
・『悲しみの秘義』若松英輔／文春文庫／2019年
・『エンド・オブ・ライフ』佐々涼子／集英社インターナショナル／2020年
・『滅びの前のシャングリラ』凪良ゆう／中央公論新社／2020年
・『書店主フィクリーのものがたり』ガブリエル・ゼヴィン、小尾芙佐 訳／ハヤカワepi文庫／2017年
・『チャリング・クロス街84番地　増補版』ヘレーン・ハンフ 編著、江藤淳 訳／中公文庫／2021年
・『さざなみのよる』木皿泉／河出文庫／2020年

第4章　北海道砂川だからできる「やりたかった本屋」

・『スマホ脳』アンデシュ・ハンセン、久山葉子 訳／新潮新書／2020年

・『棟梁を育てる高校―球磨工高伝統建築コースの14年』笠井一子／草思社／2003年　※入手困難
・『静かな大地』池澤夏樹／朝日文庫／2007年　※品切れ・再版未定
・『虹いろ図書館のへびおとこ』櫻井とりお／河出書房新社／2019年
・『私たちは幸せになるために生まれてきた』朴慶南／光文社知恵の森文庫／2014年
・『きみのためのバラ』池澤夏樹／新潮文庫／2010年

ぜひ、お近くの本屋さんで、お買い求めください！

店内にある花森安治氏の版画のコピー。文字は岩田さんの父親によるもの。包装紙は代々、花森氏の版画を使用している。

構成／徳 瑠里香
写真／中西裕人
一部本文デザイン／フロッグキングスタジオ
校正／株式会社鷗来堂

岩田徹《いわた・とおる》

1952年北海道美唄市生まれ。いわた書店店主。札幌市から車や電車で1時間ほどにある砂川市で、家業を継ぎ90年から書店を経営。独自の選書サービス「一万円選書」が話題に。

ポプラ新書
217

一万円選書
北国の小さな本屋が起こした奇跡の物語

2021年12月6日 第1刷発行
2022年1月14日 第3刷

著者
岩田 徹

発行者
千葉 均

編集
木村やえ

発行所
株式会社 ポプラ社
〒102-8519 東京都千代田区麹町 4-2-6
一般書ホームページ www.webasta.jp

ブックデザイン
鈴木成一デザイン室

印刷・製本
図書印刷株式会社

N.D.C.914/190P/18cm ISBN978-4-591-17208-7

P8201217

生きるとは共に未来を語ること　共に希望を語ること

昭和二十二年、ポプラ社は、戦後の荒廃した東京の焼け跡を目のあたりにし、次の世代の日本を創るべき子どもたちが、ポプラ(白楊)の樹のように、まっすぐにすくすくと成長することを願って、児童図書専門出版社として創業いたしました。

創業以来、すでに六十六年の歳月が経ち、何人たりとも予測できない不透明な世界が出現してしまいました。

この未曾有の混迷と閉塞感におおいつくされた日本の現状を鑑みるにつけ、私どもは出版人としていかなる国家像、いかなる日本人像、そしてグローバル化しボーダレス化した世界的状況の裡で、いかなる人類像を創造しなければならないかという、大命題に応えるべく、強靭な志をもち、共に未来を語り共に希望を語りあえる状況を創ることこそ、私どもに課せられた最大の使命だと考えます。

ポプラ社は創業の原点にもどり、人々がすこやかにすくすくと、生きる喜びを感じられる世界を実現させることに希いと祈りをこめて、ここにポプラ新書を創刊するものです。

未来への挑戦!

平成二十五年　九月吉日　　株式会社ポプラ社